EL VIAJE

«La literatura sobre liderazgo ha sido, es y será inagotable e inabarcable. Es así porque el liderazgo es imprescindible y porque tiene innumerables dimensiones. El criterio principal para seleccionar un buen texto es el autor. Josep-Maria Gascon cuenta con la experiencia práctica y el rigor necesario para haber creado una obra original, útil, y de lectura excelente. Un gran libro.»
JOSÉ LUIS ÁLVAREZ. SENIOR AFFILIATE PROFESSOR OF ORGANISATIONAL BEHAVIOUR, **INSEAD**. AUTOR; *SHARING EXECUTIVE POWER: ROLES AND RELATIONSHIPS AT THE TOP*

«Josep-Maria desglosa en este libro muchos de los buenos consejos que lleva años compartiendo como profesional y amigo. Desde la experiencia y la empatía nos regala fórmulas para mejorar en nuestras carreras y en nuestras vidas, resumiendo los valores y capacidades de los directivos y organizaciones del futuro. ¡Un privilegio y, además, un rato de buena lectura!»
ISABEL YGLESIAS. HEAD OF EUROPEAN AFFAIRS Y DELEGADA PERMANENTE EN BRUSELAS, **CEOE**

«En el transcurrir del relato, Josep-Maria nos inocula todas y cada una de las claves, no solo para ser unos buenos lideres si no como el trabajo en equipo y el compromiso son imprescindibles para que cualquier organización alcance los más altos estándares. Un magnífico libro que sin duda nos hará reflexionar sobre los liderazgos transformadores y las organizaciones de alto rendimiento. Y dos perlas marca del autor: *"El compromiso a medias no existe"* y *"Uno no deja nunca de aprender"*. ¡Imprescindible!»
JOSEP A. GUAUS. CEO, **ONTURTLE**

«Este libro va a resonar con cualquiera que haya liderado equipos, ya sea en organizaciones públicas, empresas, o academia, como en la vida en general. A través de experiencias al más alto nivel y desde una perspectiva que a menudo produce vértigo, el autor nos desvela un liderazgo que pone al mismo nivel la productividad con el empoderamiento y la mejora del bienestar de los miembros de un equipo. Este despliegue total de la dimensión humana, con liderazgos transparentes e integradores, no es sólo "correcto" si no que culmina en organizaciones más productivas, atractivas y resilientes. Las cualidades de las que nos habla Josep-Maria no son innatas como las de superhéroes, si no que deben desarrollarse con metodología, humildad, trabajo duro y comunicación sincera. Una lectura reveladora para cualquiera que busque desarrollarse en un liderazgo sano, cuantitativo y humano, tan necesario como efectivo en cualquier tipo de organización moderna.»
GUILLEM ANGLADA-ESCUDÉ. ASTROFÍSICO DESCUBRIDOR DEL PLANETA PROXIMA B. CIENTÍFICO TOP-10 MUNDIAL (**NATURE**) Y LISTADO DENTRO DE LOS 100 PERSONAJES MÁS INFLUYENTES DEL MUNDO (**TIME**).

«El "viaje" que nos propone Josep-Maria Gascon subvierte de forma sutil los planteamientos tradicionales del liderazgo ejecutivo. Los cuatro pasos que describe tienen la virtud de estar al alcance de todos los aspirantes a líder: desarrollar autoconsciencia para encontrar tu propósito, gestionar eficazmente las relaciones personales, aprender a leer las emociones propias y las de otros y, finalmente, pasar a la acción dependen, en último extremo, del deseo de cada uno de pagar el precio en términos de esfuerzo y dedicación para conseguir impacto. La historia del protagonista ilustra de forma ejemplar esta transición, con una gran riqueza de situaciones reales perfectamente documentadas, y las reflexiones del autor condensan los aprendizajes clave para tener éxito en el incierto mundo que nos envuelve.»
CARLES NAVARRO. DIRECTOR GENERAL, **BASF**. PRESIDENTE DE **FEIQUE**
(FEDERACIÓN EMPRESARIAL DE LA INDUSTRIA QUÍMICA ESPAÑOLA).

«El viaje del protagonista nos enseña mucho acerca de las organizaciones, los equipos y sus líderes. Josep-Maria Gascon nos inspira en un libro que tiene la gran virtud de enseñar y entretener a la vez que proporciona información muy útil sobre las herramientas necesarias para liderar proyectos.»
ORIOL PUIG. SUBDIRECTOR, **DIARI DE GIRONA**

«*El Viaje* nos abre la puerta a entender el liderazgo como un elemento necesario, genuino y auténtico en un mundo en constante cambio y sujeto a más desafíos cada día. La descripción de un liderazgo consciente, relacional, emocional y orientado a la acción nos ofrece un futuro lleno de esperanza y de amplios horizontes para todos, bajo el propósito de hacernos mejores. Con ello, se asoma a cómo ayudarnos a trascender, más allá de nosotros mismos y de nuestras organizaciones en favor de un entorno lleno de oportunidades y ventajas.»
JOSEP LL. SANFELIU, CO-FOUNDER & MANAGING PARTNER, **ASABYS**

«En este viaje descubrirás las verdaderas claves del liderazgo narradas desde la humildad y la empatía. Entenderás cómo sacar partido a tus fortalezas y tus debilidades para un liderazgo sano y de largo recorrido. La exquisita pluma del autor recorre el liderazgo a través de nuevas herramientas transversales y holísticas. Una lectura obligatoria para los responsables de las organizaciones que han entendido que las personas son su gran activo.»
MAR ALARCÓN, EMPRENDEDORA EN SERIE (**SOCIAL CAR, 19N, TERAP, SOCIAL ENERGY**). VICEPRESIDENTA **FOMENT DEL TREBALL**.
CONSEJERA **FIRA BARCELONA**.

JOSEP-MARIA GASCON

EL VIAJE

LOS CUATRO EJES DEL LIDERAZGO PARA LLEGAR A LA CUMBRE

Consciencia - Emociones - Relaciones - Acción

EMPRESA ACTIVA

Argentina – Chile – Colombia – España
Estados Unidos – México – Perú – Uruguay

Porque una vez dije que mi lugar era aquel en donde estuviera mi mujer, y ella me lo puso tan fácil que decidió hacer el viaje conmigo. A Esther y a mis hijos, Marc y Joel, sin los cuales no habría emprendido este viaje. En ellos vivo constantemente lo nuevo, el desafío y la complejidad del amor.

Índice

Prólogo 13

Introducción 21

De la gestión al liderazgo 22

El método «CREA liderazgo» como guía. 28

Los 4 ejes 29

PRIMER EJE: CONSCIENCIA 33

Reflexiona: Echando la vista atrás 33

Contextualiza 37

Antes de decidir, comprende. 41

Impulso 44

Crea un sentido de urgencia 46

Un objetivo ambicioso 49

Una ambición viable. 51

No dejes cabos sueltos. 59

El compromiso no acepta medias tintas 62

El estilo y el ritmo lo marcas tú; aporta o aparta(lo) 66

Tú como líder consciente 72

SEGUNDO EJE: RELACIONES 77

Conecta 77

Centrarse en las personas 81

Todo líder debería tener su propio sherpa.
Déjate ayudar 84

Fomenta la diversidad de opiniones pero verifica
que todos entienden tus expectativas. 95

Mejora continua (colectiva), procesos y organización 99

Fomenta una cultura del compromiso. 102

Excelencia en todos los frentes 109

Escucha y confía en los demás, mejorará tu eficiencia 111

Respeta el tiempo de los demás (y el tuyo propio). 117

Tú como líder relacional 119

TERCER EJE: EMOCIONES 123

Vive tu propósito y hazlo visible 123

Implícalos emocionalmente 126

Muestra tu vulnerabilidad. 132

Respalda a tu gente. 136

Busca soluciones, no culpables 138

Tu equipo te hace mejor 140

Respeta las diferencias. 141

Sé honesto con las promociones 145

No evites conversaciones difíciles 147

Celébralo a lo grande 149

Tú como líder emocional 152

CUARTO EJE: ACCIÓN 155

    Reacciona a la primera 155

    Agilidad 158

    Nada sin resolver 161

    Anticipa y simplifica 164

    No te conformes 170

    Hasta el logro, persevera 173

    De buenos a extraordinarios 178

    Prepárate para el siguiente proyecto 179

    Toda mejora debe ser sostenible 181

    Mentalidad imparable 183

    Aspira siempre a lo máximo 187

    Tú como un líder de acción 190

LIDERANDO HACIA EL FUTURO 195

    Deja un legado 195

    Planifica el cambio 197

    La dimensión humana como prioridad 203

    ¿Qué nos convierte en líderes? 205

Reflexión final 211

Epílogo 215

Agradecimientos 219

Sobre el autor 221

Prólogo

De vez en cuando, la vida te ofrece regalos que aprecias instantáneamente, sin necesidad de esperar a desenvolver el paquete. No es el gramaje del papel ni su diseño lo que aviva tus expectativas acerca de la naturaleza del contenido que oculta, sino el conocimiento personal de quien proviene. Así me he sentido yo, amigo Josep María, desde el primer instante en que me regalaste la oportunidad de instalarme en el campamento base de tu viaje personal por los senderos de la transformación de las organizaciones, un viaje tan ambicioso en sus objetivos como estimulante en la manera de plantearlos, porque nada que sea capaz de aunar vocablos tan trascendentes como «consciencia», «relaciones», «emociones» y «acción» puede invitar a otra cosa que al deseo de ponerse a andar de la mano de su autor. Si a ello se añade el hecho previo de haber ya apreciado muchas de las cosas que has conseguido hacer desde los tiempos en que te conocí, y en que pudimos trabajar juntos en diferentes formatos y circunstancias, se comprenderá algo mejor el porqué de mi aproximación rotundamente sincera y descaradamente intrigada a tu obra.

No puedo evitar evocar nuestro primer encuentro, en el despacho de quien por entonces era mi director financiero, a quien posteriormente sucedería. Estábamos buscando un nuevo abogado y tú fuiste el último de los cuatro candidatos a los que entrevistamos en aquellos días de una incipiente primavera de hace ya casi dos décadas. La espartana luz de una lámpara de pie que todavía conservo colaboró en recortar una imagen tuya de cierta rigidez postural que, más tarde, comprendí mejor. Mirada observadora, casi incisiva, que parecía estar examinando al examinador. Tono de voz entre solemne y severo, economía en las frases y precisión en las ideas, bien preparadas, eficazmente administradas. A los diez minutos sabía que eras nuestro nuevo compañero. Pero seguimos adentrándonos en tu yo más personal y ahí encontré tu música. Tu querencia por el rock, con banda incorporada. Tu perfil, de pronto, se hizo más complejo y, si cabe, más interesante. Poco más tarde, abriste las ventanas de tu yo más íntimo dejando al descubierto que también habías publicado un libro de poesía. Advertí en tu relato una dimensión emocional muy contrastada frente al profesional con la impecable hoja de servicios que le precedía. Percibí también el olor inconfundible de la madera de líder.

El liderazgo es un intangible consustancial a tu trayectoria vital. Tu papel de centurión romano al frente de una formación de «manaies» en tu pueblo, Amer, no es casualidad. Que, además, esa expatriación que protagonizaste impregne la práctica totalidad del viaje que rememoras en tu primer ensayo era inevitable. Y debo admitir que este tema es particularmente arduo para mí, pero no por ello ajeno a mis inquietudes de sempiterno aspirante a regeneracionista. Nos dices que «liderar va de conducir personas» y eso, Josep Maria, me parece, de entrada, una aproximación muy cabal a la esencia del liderazgo, un concepto poliédrico que no puede ni debe contenerse en una simplificadora etiqueta de éxito. Nuestra sesgada memoria de la historia de los pueblos, de sus avances imparables pero también de sus retrocesos, suele recordar los liderazgos fuertes (lo hayan sido para bien o para mal, pero fuertes a la postre) y sin embargo descuida o incluso olvida al resto, a quienes se han desempeñado con eficacia y honestidad lejos de los focos mediáticos, de los pasillos del poder político o de los cuadros directivos de primer nivel, y que, carentes del glamour de las élites, apenas suscitan interés o admiración. En lo que yo he podido constatar durante mi «viaje», la grandilocuencia, las puestas en escena o el poderío de las jerarquías (así en las organizaciones como en la familia), sirven de poco o de muy poco si no se cuenta con el concurso de los que saben cómo «hacer hacer bien» las cosas, eso que podríamos llamar buenos gestores, cuyo rol es tan clave que sin su liderazgo en la sombra poco se puede conseguir. En lo que a mí respecta, los liderazgos no me importan por el mero hecho de ser capaces de comandar fuerzas políticas o gobiernos, movilizar personas, impulsar ideas o conquistar tierras o mercados, sino fundamentalmente por la naturaleza del propósito que persiguen, y confieso ya de entrada mi predilección por aquellos líderes cuyo propósito es explícitamente humanista, es decir, que ponen a la persona en el centro de su proyecto y a la mejora del bien común en el destino prioritario de sus esfuerzos. Pese a su crónica escasez los ha habido, los hay y seguro que los habrá, y si tu ensayo puede ser de utilidad no sólo para todo tipo de directivos y profesionales que deban comandar equipos y proyectos, sino también para algunos de entre ellos que gocen de un perfil humanista como el que he citado, lo que les puedas aportar con tu libro será, sin duda, un valioso regalo.

Vuelvo de nuevo a tu expresión «liderar va de conducir personas» que, a lectura pasada, interpreto como una afirmación del carácter instrumental del liderazgo, no como un fin en sí mismo. Así, hablas del «liderazgo transformador», que persigue alterar el *statu quo*, los paradigmas organizativos y la cultura y el modo de hacer las cosas, y lo contrapones al «liderazgo tóxico». El líder transformador es capaz de movilizar positivamente las energías necesarias para lograr estos cambios, sacando lo mejor de los recursos de que dispone (siempre insuficientes…), y ya nos avanzas de entrada que ese cometido no es tan difícil como parece si se cuenta con método y una adecuada paleta de principios y valores. En el extremo opuesto, apuntas con tu dedo acusador a los líderes tóxicos, quienes, en mi opinión, no lo son tanto por su carácter más o menos débil, sino por su propensión a lo que denominas su «agenda personal», aprovechándose de una manera extractiva de los recursos que manejan. Creo que queda muy clara esta idea y que no hay esfera de poder, cualquiera que sea su naturaleza, que no cuente con ejemplos de pseudolíderes que desaprovechan, cuando no frenan, las capacidades potenciales de sus equipos. Su toxicidad es mayor cuanto más desapercibidos pasan (al amparo de una particular habilidad para actuar en la sombra) o cuanto más poder atesoran (escudados en culturas organizacionales muy jerarquizadas). Sus efectos son visibles y temibles: desafección, desmotivación, pasividad, inhibición y un largo etcétera de comportamientos que alejan de la excelencia a las organizaciones que los sufren. El líder que tu propugnas no los consentiría. La dinamización permanente de las personas es su mantra. Hablas de la motivación individual para contribuir al logro de los objetivos fijados, tanto los individuales como los colectivos, o mejor dicho, logrando que los objetivos colectivos se vivan como un asunto propio, individual. Hablas también del reconocimiento como una palanca importante de la motivación, e incluso te adentras en el sinuoso terreno de las emociones y, de entre ellas, de la más ambicionada, la felicidad.

Gran asunto este y, como el primer día, vuelvo a reconocer al Josep María en quien lo racional y lo emocional conviven sin estridencias. Recuerdo tu vehemencia en la defensa de tus ideas, armadas con la exigencia de un experto, pero proyectadas con una pasión que no resultaba impostada, sino fruto de una sólida convicción en el propósito de lo que ayudabas a construir desde la mesa de tu despacho. Nos describes al líder como la persona «capaz de trascender, de construir una organización feliz, positiva y rentable cuyo impacto vaya más allá de sí misma y un legado que la suceda». Desde luego, la conjunción de estos estados del alma organizativa —positividad y rentabilidad— es un desiderátum que muchos suscribiríamos, hasta ahora apenas valorado en la lógica de los negocios. Pero tú adviertes que cabalgar en pingües beneficios pese a descuidar o ningunear el clima interno de las organizaciones no es ni aceptable ni sostenible y que el camino hacia la excelencia pasa por una mejor alineación entre las actitudes y las aptitudes, dos conceptos que emparejas muy acertadamente.

Líderes y gestores que no se conforman con lo «correcto» sino que aspiran a la «excelencia» aplicada a sus proyectos, a sus procesos, a sus equipos. De ese tipo de transformación desde lo ordinario hasta lo extraordinario es de lo que, en esencia, nos hablas. Y de la manera de lograrlo. Pones tus experiencias profesionales al servicio de esa aspiración y las verbalizas a través de tu alter ego Mario, con quien es fácil empatizar conforme avanzan las páginas. No sólo para aquellos que vimos tu evolución hasta la cumbre a medida que iban pasando tus años en Bruselas, sino porque, al final de la última curva de tu libro, es con Mario con quien cualquiera desearía cruzarse si pretende —como nos dices a modo de despedida—, «atravesar caminos nuevos, circunstancias inexploradas, exigencias diferentes para llegar a un lugar en el que no has estado nunca antes».

Por eso, la última reflexión que deseo compartir contigo tiene que ver con ese sherpa de cuya mano nos has llevado a transitar tu intenso viaje y sus lecciones. Supongo que casi todos, cuando pensamos en un sherpa, visualizamos mentalmente las enormes moles que jalonan el Himalaya, mítico lugar en el que habitan. Allí, en esas alturas donde todo, incluso respirar, constituye un desafío vital y requiere de un esfuerzo constante, la diferencia entre lograr un objetivo o renunciar a él —y, a menudo, entre vivir o morir— depende del trabajo callado de esos hacedores de sueños y de ambiciones ajenas. Los sherpas no son meros guías, porteadores y cocineros, todo a la vez, que aseguran la logística del viaje, sino, mucho más determinante que lo anterior, consejeros que caminan, sufren y asumen el mismo riesgo físico que los propios promotores de la idea. Edmund Hillary y Tenzing Norgay ascendieron juntos hasta la cumbre del Everest y, sin duda, podrían haber perecido juntos. Pero para la historia han quedado asociados a la imagen de un triunfo. Hillary fijó su mirada en el Everest pero Tenzing «entendía» el terreno y sus vicisitudes de la manera que sólo un autóctono podía conocer. Ambos pusieron su voluntad a prueba de hielo, pero ninguno de los dos puso la montaña. Dicen que cuando a George Mallory, legendario pero infortunado predecesor de aquellos en el empeño de hoyar la cima del planeta, le preguntaron por qué escalar la montaña, él respondió con un lacónico «porque está ahí». Tu primera gran montaña apareció en tu vida de forma abrupta, en forma de accidente de tráfico, y la coronaste con un empeño que dejó marcas indelebles en tu carácter, algo esencial para valorar el fondo y la forma con que has hoyado el resto de tus cimas, estas sí escogidas. Han sido tus circunstancias y estoy convencido de que han enriquecido tu propósito profesional y de vida.

A buen seguro, los propósitos de cada uno de los lectores que decidan conocer tu viaje pueden ser muy diversos. En los capítulos que siguen no descubrirán pistas para maximizar sus beneficios de cualquier manera sino para lograrlos de manera excelente, ni hallarán fórmulas mágicas para lograr el éxito empresarial por la vía rápida o para hacerle el *sorpasso* a la competencia, sino sensatas recetas de disciplina, autoexigencia, respeto a las personas y pasión por el trabajo bien hecho, dosificadas a partes iguales. Sabes bien, amigo Josep María, que en este territorio siempre me encontrarás. No diré que este mundo actual es mejor o peor que los mundos pasados, pero sí creo que se enfrenta a retos disruptivos de un calado muy superior a los anteriores, cuya resolución sólo será posible disponiendo de los mejores líderes y gestores posibles, así en lo público como en lo privado. No resignarnos con la medianía y aspirar a la excelencia, en todos los ámbitos de nuestra vida, es lo primero que deberíamos cambiar entre todos y es lo que nos propones. La coherencia que demandas a tu líder prototipo es la que deberíamos exigirnos a nosotros mismos, ciudadanos. Si así fuera, nada debería impedir que los proyectos privados sean armónicamente compatibles con el interés general de la sociedad en la que impactan. ¿Hay mayor ambición que esta, mayor reto colectivo? Las organizaciones, la sociedad en su conjunto, necesitan hoy, igual o más que antaño, sherpas que conozcan el terreno, comprendan las señales en el horizonte y nos guíen con acierto, sin dañarlo, impregnando sus hojas de ruta con una dimensión humanista.

Afirmas al principio de tu ensayo que «uno no deja nunca de aprender», un principio motor del progreso. Estoy convencido de que tu viaje por este libro va a ser una guía valiosa para sherpas, directivos y emprendedores en ciernes, al tiempo que ya ha supuesto un camino de aprendizaje interior para ti. Y quienes han sido motor e impulso de tu viaje ya lo saben.

FRANCISCO J. LOZANO
Director General Financiero en INOVYN QUÍMICA y escritor.
Ganador de los Premios Vila de Martorell al mejor artículo
(en ocho ocasiones) y a la mejor novela (en dos ocasiones).
Autor de la novela RELATOS ABSURDOS y del libro de ensayo
POR LA VÍA DE LA REGENERACIÓN
(Editorial Círculo Rojo).

Introducción

Este libro se basa en las vivencias profesionales que me llevaron, tras años de trabajo con equipos multinacionales y multidisciplinares en más de 400 proyectos desarrollados en más de 30 países de todos los continentes, a definir una metodología propia de liderazgo y creación de equipos de alto rendimiento. En definitiva, se trata de cómo transformar un buen grupo de personas en un equipo extraordinario.

También se nutre de las enseñanzas de mis clientes y los aprendizajes adquiridos a lo largo de mis conferencias y sesiones de formación, al ver que los participantes querían algo más que ideas sobre cómo gestionar mejor y dirigir equipos.

El liderazgo puede plantearse desde muchas perspectivas. La mía representa un modo de acelerar el impacto del líder de manera más efectiva y sana.

Una de las cosas que he aprendido a lo largo de estos años de trabajar con distintos tipos de líderes —empresarios, directivos y políticos—, es que las personas que están al frente de industrias o sectores muy diferentes experimentan los mismos problemas en sus equipos; ya se trate de profesionales en el sector financiero, de la salud, educativo, químico, de la construcción, digital o de cualquier otra área, propietarios, administradores, gerentes, directivos, etc., están todos trabajando con personas y, por lo tanto, los equipos de todas las industrias experimentan los mismos problemas; tensión, desconfianza, miedo, compromiso escaso, insuficientes niveles de «accountability», apatía, egos, desmotivación, rumores, mala comunicación, y muchos otros de naturaleza parecida.

Por otro lado, la cultura de todos los equipos exitosos y excepcionales también cumple con una serie de patrones similares que la hacen positiva, productiva y rentable. El problema es que ya sea por negligencia, pura ignorancia o falta de preparación, incluso la cultura de equipo más extraordinaria puede ser saboteada. Además, pocas personas se conocen lo suficiente o disponen de una metodología que les permita lidiar con estos desafíos y les ayude a crear una cultura organizativa saludable.

De la gestión al liderazgo

Bruselas. Febrero de 2012. Una llamada interrumpe la concentración de Mario, alterando su día y, aún sin saberlo por aquel entonces, las semanas y meses más allá. Se trata del representante de una prestigiosa escuela de negocios de Barcelona.

—Buenos días, ¿eres Mario? —se oyó al otro lado del teléfono—. Te llamo en representación del Global Executive MBA del IESE y nos interesa mucho tu trayectoria, ¿qué día tienes libre para comer?

—Lo lamento, hace años que no vivo en Barcelona —respondió Mario con cierta sorpresa.

—Sabemos que estás en Bruselas, no importa. Cogeré un avión —se escuchó desde el manos libres de sobremesa de aquel despacho que rezumaba tradición industrial en la capital de Europa—. Queremos hacerte una propuesta porque pensamos que ha llegado el momento de que pases de la gestión al liderazgo.

De este modo tan azaroso, acababan de activar un virus inoculado en el cuerpo de Mario desde hacía años: su pasión por las personas y por cómo la dimensión humana de las organizaciones ayuda a gestionar mejor y a dirigir equipos.

En algún momento de tu carrera habrás tenido que liderar algún proyecto como los que vivió Mario, el protagonista de la historia que estás empezando a leer. Alguna misión que pidiera aplicar unos conocimientos técnicos diversos junto con la coordinación de personas pertenecientes a distintas disciplinas, en el mismo o en varios lugares de trabajo, incluso ubicados en distintos países con otros husos horarios y distintas culturas.

Quizá estés pensando en aquella vez que tuvisteis que rediseñar los procesos financieros para optimizar resultados, o la reorganización de un departamento entero que mejorara el desarrollo del talento interno, o aquel proyecto que aspiraba a construir una cultura de mayor compromiso, vital para el futuro de tu organización, o aquella personalización de un servicio estándar para un cliente, casi a medida, sin que dejara de ser rentable, o modificar la cadena logística en función de unas condiciones sobrevenidas por la escasez de una materia prima sin que los costes se comieran el margen, etc. Sea como sea, completar con éxito este tipo de proyectos requiere no sólo conocer el fondo de la cuestión, sino también astucia y habilidades sobre cómo funcionan las organizaciones y el comportamiento de las personas.

Como es obvio, cualquiera que tenga que gestionar un negocio, un departamento o un equipo, debe necesariamente aplicar algún tipo de liderazgo. De hecho, el peso del liderazgo en el éxito de un proyecto es mayor cuanto mayor sea el reto. Por el contrario, ser el más experto en la cuestión a tratar no le corresponde al líder, sino que a menudo recae en los demás miembros del equipo. Sabes bien que cuando te enfrentas a un proyecto complejo y de cierta envergadura, el liderazgo juega un rol crucial. Sin embargo, en la escuela nadie te enseñó a liderar.

El líder transformador tiene algo de explorador, como también lo tienen los emprendedores. Transformar una organización es un emprendimiento que viaja hacia lo desconocido, un espacio antipático lleno de sorpresas, rechazos e imprevistos. Aparecen no pocos momentos de incertidumbre sobre cuál será el camino correcto. Entonces, un gran líder marca la diferencia entre el éxito y el fracaso. Ese liderazgo está compuesto por una serie de aptitudes —herramientas que se adquieren con el desarrollo de competencias, a menudo técnicas, que marcarán la productividad de la organización— y un conjunto de actitudes; habilidades definitorias de la personalidad, adquiribles desde el trabajo interior y el autoconocimiento, cuyo efecto impacta principalmente en el clima, la predisposición y la positividad de la organización.

Por ello, liderar supone una tarea agotadora cuando te enfrentas a un proyecto de gran calado sin la experiencia y las herramientas oportunas.

¿Por qué leer este libro? Decía Stephen Covey que la empresa es uno de esos pocos entornos en los que la persona ha sido tratada como una cosa, aspecto que desearía, querido lector, que ya formara parte del pasado. También es célebre, del mismo autor, la afirmación de que el liderazgo es una decisión voluntaria que se asume, no un cargo que se desempeña. Basado en el autoconocimiento, la consciencia de nuestros retos, nuestros límites, nuestros patrones de comportamiento y nuestras emociones, este libro te ofrece enseñanzas sobre liderazgo desde mi convicción de que la dimensión humana de las organizaciones crea liderazgo.

Este libro está diseñado para compartir, a través de su protagonista, mis vivencias al lado de líderes que crearon entidades extraordinarias a partir de buenas empresas, así como otros que, por su impericia al frente de organizaciones con buen potencial, las hicieron completamente inoperantes.

Su propósito es compartir un espacio de reflexión y de aprendizaje desde la humildad de haber viajado de las mieles de la notoriedad y reconocimiento en grandes corporaciones e instituciones, premios, televisión y radio, a la experiencia de verme arrastrado por la fuerza silenciosa de mi propia torpeza y de la ajena en alguna organización enfermiza en un momento donde había gran necesidad de un liderazgo consciente.

Todo ello viene enriquecido por la perspectiva que ofrece el paso del tiempo y las lecciones que recibo cada día de mis clientes; generalmente

CEOs, directores generales, socios-fundadores y emprendedores que quieren ver cómo sus empresas pasan de buenas a extraordinarias confiando en mi experiencia y metodología de trabajo.

He tenido la suerte de vivir excepcionales momentos y compartir reflexiones sobre liderazgo, sociedad, negocios, personas y organizaciones desde variadas perspectivas. Las inmensas oportunidades que me ha ofrecido la diversidad de mi carrera, que va del sector servicios en una de las primeras firmas de abogados de España a un gigante industrial químico-farmacéutico en la capital de Europa, pasando por responsabilidades de gestión pública en una Administración autonómica— incluyen la ocasión de conversar extensamente, incluso entablar amistad, con relevantes personajes que han influido en mi forma de ver el liderazgo tal como lo expongo en este libro. Por eso es justo que cite algunos de ellos. Muchos son grandes nombres del mundo de la empresa como Jean-Pierre Clamadieu (presidente de Engie), Hariolf Kottmann (CEO de Clariant), Sony Kapoor (influyente macroeconomista y reconocido Global Leader por el World Economic Forum), Nicolas Boël y Karim Hajjar (presidente y CFO de Solvay), Joaquim Domingo (Fundador de Galenicum Health), Bernard de Laguiche (presidente de Sisprodent), Carles Navarro (director general de BASF Ibérica), Rafael Fontana (presidente de Cuatrecasas), Pascal Juery (CEO de Agfa-Gevaert), Anne Kolton (vicepresidenta ejecutiva de la American Chemistry Council); otros proceden del ámbito público, como Roberta Metsola (Presidenta del Parlamento Europeo), Malcom Byrne (senador irlandés), Yanis Varoufakis (prestigioso economista de influencia global y exministro griego), Marcelo Rebelo de Sousa (presidente de Portugal), Kaja Kallas (primera ministra de Estonia), Aaron Farrugia (ministro maltés), Kirsten Brosbol (ministra danesa), Zakia Khattabi (ministra belga), Dimitris Avramópulos (comisario europeo), Carles Puigdemont (presidente de Cataluña), Inés Arrimadas (diputada española), Artur Mas (presidente de Cataluña), Alessandro Fusacchia (diputado italiano), Kirsten van den Hul (diputada holandesa), Ricardo Baptista Leite (diputado portugués), Yuriy Vulkovsky (secretario de estado búlgaro); algunos son creadores de opinión tan influyentes como Ignacio Escolar (fundador de ElDiario.es), Owen Jones (columnista en The Guardian), Dawood Azami (editor BBC World), Bastian Obermayer (periodista de investigación y ganador del premio Pulitzer, por dar a luz a la mayor filtración de datos de la historia, los reconocidos «Panama papers»), Emmanuel Razavi (corresponsal de guerra y fundador de FildMedia); con académicos como Kevin Kaiser (profesor en la Wharton School y prolífico autor de obras como «The blue line imperative» o «Becoming a top manager»), José Luis Álvarez (profesor sobre comportamiento humano en las organizaciones y director académico del Centro de Gobierno Corporativo del INSEAD), Cedric Denis-Remis (vicepresidente de la Université PSL – Paris Sciences et Lettres); con premiados emprendedores como Karoli Hindricks (fundadora de Jobbatical), Mar Alarcón (fundadora de SocialCar), Nina Rawal (fundadora de Emerging Health Ventures y Global Leader por el World Economic Forum), Josep Lluís Sanfeliu (fundador de Asabys Partners), Muriel Bourgeois (fundadora de Mi-Cuento); con científicos y personas relevantes del mundo de la cultura y las artes como Guillem Anglada-Escudé (descubridor del planeta extrasolar habitable más cercano a la Tierra, Próxima b, y elegido por la revista Nature como uno de los 10 mejores científicos del mundo y único español incluido entre los 100 personajes más influyentes según Time), Jorge Juan Fernandez (director en EIT Health), Eneko Atxa (chef triestrellado), Pavla Gomba (directora ejecutiva en UNICEF), Alexandra Dariescu (pianista rumano-británica mundialmente reconocida), Francesca Cavallo (autora del best-seller «Good night stories for rebel girls»), Eduardo Portal (director de la orquesta filarmónica de Londres), etc.

Todos ellos, junto con otros muchos nombres conocidos y anónimos, tienen algo que ver en mi forma de ver el mundo, pero nada de ello hubiera sido posible sin el calor y los valores de la gente con la que crecí. Allí, en Amer, mi pequeño pueblo, aprendí de su alegría, humildad y sentido de la perseverancia, principios tan necesarios en cualquier líder de estos tiempos.

En definitiva, este libro bebe de una exposición a distintos estilos de liderazgo empresarial, social y político, en muy distintas circunstancias, y de acumular experiencia gracias al gran número de equipos con los que trabajé, aprendí, reí y lloré.

¿Mi lección de todo ello? Muchas, pero la más importante es saber que uno no deja nunca de aprender porque el cambio es permanente. Particularmente cierto en cuestiones de liderazgo, puesto que liderar va de conducir personas. En mi opinión, lo más difícil y a su vez enriquecedor que pueda existir en el mundo de la gestión. Tantas formas de liderar, tantas personalidades existen, como distintos serán los resultados.

A través del protagonista de esta historia, Mario, mi *alter ego*, te comparto los aprendizajes sobre aquello que observé en el comportamiento de líderes transformadores. Estás empezando a leer una realidad ficcionada que facilita la comprensión de los conceptos, pero, al fin y al cabo, son experiencias personales que replico de modo cotidiano con mis clientes, y funciona. Todo queda narrado por Mario a partir de vivencias vinculadas a grandes transformaciones organizativas fruto de inversiones y desinversiones en distintos países y culturas, de restructuraciones empresariales, del lanzamiento de novedosos productos comerciales o de iniciativas político-sociales mayúsculas.

También he vivido sombras. Una vida en equilibrio se construye no sólo con sus luces, así que el viaje de Mario atraviesa también por liderazgos tóxicos, débiles, confusos y te acompañará a través de sus errores y del daño que pueden hacer a toda una organización.

Esta historia se basa en todas esas vivencias, imposibles de disociar del viaje que me condujo por distintas funciones en varios países, incluyendo una larga expatriación, y me acercó a algunos de los líderes más notorios del momento.

Leyendo este libro podrás identificar situaciones que abordan de forma diaria todos aquellos que están en la cúspide de una organización o al frente de un equipo, así como sus rasgos principales. Sorprende ver lo sencillos que son de comprender. ¡Y de lo bien que funcionan una vez se ponen en práctica! Desplegados con toda su fuerza, crean un círculo virtuoso para el crecimiento sostenido y la mejora de resultados hasta niveles desconocidos.

Al mismo tiempo encontrarás una guía para ajustar tu comportamiento a las mejores prácticas. Deseo que este libro te ayude a ser un mejor profesional, más hábil, más efectivo, más capaz de liderar cualquier proyecto al que te enfrentes y para cuyo éxito debas confiar y colaborar con otras personas.¡Tu liderazgo marca la diferencia!

El método «CREA liderazgo» como guía

El liderazgo tiene muchas más aristas que las que se pueden tratar en un libro narrado en forma de ficción, pero el objetivo es mostrar que siguiendo el método CREA tenemos una guía que nos lleva a un liderazgo más sano y positivo.

CREA liderazgo parte de los ejes Consciencia, Relaciones, Emociones y Acción, sobre los cuales se despliegan las competencias de todo líder transformador. Sin ellas, una persona puede llegar a gestionar bien, incluso tener una carrera directiva exitosa, o simplemente conservar el puesto de trabajo, pero en ningún caso será una líder transformadora capaz de construir una organización feliz, positiva y rentable cuyo impacto transcienda más allá de sí misma y un legado que le suceda.

El liderazgo transformador va del interior hacia afuera, de uno mismo hacia los demás, facilitador, distributivo, comprometido, integrador y responsable con el entorno.

Ese liderazgo crea organizaciones conscientes, fuente de relaciones sanas y positivas, comprometidas con las emociones y que actúan con la agilidad necesaria para ser eficientes y rentables. El resultado, tras observar decenas de casos, es que terminan por gestionar mejor y dirigir a sus equipos con un mayor nivel de bienestar.

Cada líder tendrá una respuesta distinta, aplicando su estilo personal. No obstante, todo lo que se requiere para ser un líder transformador es CONSCIENCIA de quién eres, cuidar las RELACIONES con todos aquellos, internos y externos, personas y procesos que deben acompañarte en la aventura de llevarlo a cabo, gestión de las EMOCIONES que te permitan mantener niveles elevados de implicación, compromiso y motivación en todos a tu alrededor, y ACCIÓN para dirigirte al objetivo perseguido con determinación, perseverancia y una mentalidad de mejora constante. En definitiva, creer que la dimensión humana de la organización CREA liderazgo, supone reconocerse en los cuatro rasgos que tú, como líder, deberías aplicar a cada proyecto.

Los 4 ejes

Transformar una organización con la presión de conseguir objetivos inmediatos, al mismo tiempo que se mantiene el rumbo a largo plazo, no es tarea fácil. A menudo exige un esfuerzo de proporciones mayúsculas. Por eso, para no desviarse del camino, el líder debe tener una hoja de ruta que prevea claramente como sortear las dificultades que sin duda aparecerán. Es lo que denomino la brújula del liderazgo, un cuaderno de bitácora que consultar cada vez que se dude. No importa el tipo de proyecto, de organización o la magnitud del reto; el comportamiento de cualquiera que pretenda liderar de modo efectivo, que quiera conducir con éxito a su gente hasta el destino establecido, mostrará cuatro ejes básicos; Consciencia, Relaciones, Emociones y Acción. Cuatro pilares tan fundamentales que, aplicados adecuadamente, incrementan radicalmente tu probabilidad de éxito.

Será mucho más importante tener la mentalidad correcta que una lista de lo que debes hacer y de lo que no. Por ello, aunque persigas los cuatro rasgos uno a uno, están tan intrínsecamente conectados con tu dimensión humana que deberás incluirlos a todos en tu mapa mental. Es una forma de pensar y de comportarse. Es una mentalidad basada en la convicción de que la dimensión humana de las empresas CREA liderazgo, del que resulta un azaroso acrónimo que contiene esos cuatros ejes:

1. CONSCIENCIA: Toma consciencia de quién eres, de tu propósito y de tu lugar en la organización. Si no eres consciente del espacio que ocupas en la empresa y de las derivadas que implican cada una de tus decisiones, no podrás fijar unos objetivos acordes a la ambición que persigues. El autoconocimiento permite fijar unos objetivos que motiven a tu equipo y que generen la adherencia de aquellos comportamientos que deseas ver. En definitiva, que la organización se sienta con la energía de dejar su zona de confort y orientarse hacia un porqué, una ambición común.

2. RELACIONES: Trabaja las relaciones humanas y los comportamientos organizativos a fin de provocar los mayores cambios posibles y anclarlos profundamente en la organización. Esta dimensión exige que comprendas tu entorno y las razones que mueven a las personas. Deberás ser disciplinado en todos los frentes, coherente, auténtico y muy transparente en las razones que motivan tus decisiones.

3. EMOCIONES: La dimensión emocional no sólo es el motor que cohesiona a tu gente alrededor de un reto común, sino que permite aprovechar la fuerza del entusiasmo para dar mayor dinamismo al cambio y así ir lanzando nuevos proyectos, transformar y mejorar sin interrupciones. Si no emocionas, ni comprendes las emociones de tu gente, puedes lograr algún objetivo a corto plazo, pero no crearás un liderazgo sostenible.

4. ACCIÓN: Si tuviera que condensar el conjunto de competencias de quien está al frente de una organización, equipo o proyecto en una sola palabra, esa sería «acción». Actuar es esencial para

un líder, hacer que las cosas sucedan. Eso no significa actuar sin la reflexión necesaria, sino preparándote de modo sistemático, para que tú y tu equipo, podáis actuar con agilidad, con la mayor anticipación posible a fin de mitigar impactos adversos y eludir potenciales obstáculos.

Puedes tener muchísima experiencia y haber desarrollado tu propia teoría del liderazgo, crecer bajo el cobijo de otros, haber aprendido mucho o estar bendecido, algunos lo estáis, con habilidades nada comunes y necesarias para erigirte como un líder natural. Dicho esto, si tu perfil no responde a ninguno de los anteriores ejes, es probable que sudes la gota gorda cuando debas afrontar un proyecto transformador y sacar el líder que hay en ti.

La buena noticia es que la historia nos demuestra que hay personas muy modestas cuya única razón por la que terminaron destacando como líderes es porque supieron entender que la dimensión humana de las organizaciones CREA liderazgo.

Primer eje:

Consciencia

Reflexiona: Echando la vista atrás

26 de julio de 2017. Washington. El día de su aniversario de bodas, Mario despertó frente al Lincoln Memorial, con vistas a toda la explanada del National Mall, pero Zita, su compañera de vida, no estaba allí. Aquello no era un viaje de placer, sino reuniones de altos vuelos que deberían concretarse en el compromiso de la American Chemistry Council (ACC) para crear el mayor evento global visto hasta entonces sobre la industria química y su respuesta ante los retos sociales del futuro. Mario viajó desde Barcelona acompañado por Rick, matemático de formación, experto en la creación de grandes proyectos público-privados disruptivos y persona de su absoluta confianza. Rick no sólo comprendía el lenguaje, el mensaje y las aspiraciones de Mario, sino que tenía la habilidad de bajarlos a la tierra, concretar e implementar de modo práctico, directamente o en colaboración con su equipo, entre los que destacaba Andrea, quien, desde la atalaya de su doctorado en historia, políticas públicas y filosofía del pensamiento por la Universidad de Manchester, entendía el impacto social de la industria.

Rick había preparado una agenda tremendamente relevante con la ACC. Annie Karlston hizo de anfitriona. Como directora de relaciones institucionales, comunicación y sostenibilidad representaba un negocio de 526 billones de dólares y entre sus responsabilidades ejecutivas estaba la de asegurar el compromiso de la industria química de superar.los retos sociales, económicos y medioambientales de la sociedad, presentes y futuros. Frente a la monumental estructura lobista que se respira en Washington, pocas personas como Annie para hacer sentir como en casa a cualquiera. Annie llevaba un lustro en la ACC, a donde había llegado tras ser portavoz del gabinete del vicepresidente Dick Cheney durante el mandato del presidente George W. Bush, además de liderar áreas tan diversas como la Secretaría de Comunicaciones, Tesorería y Energía de la mayor potencia mundial en aquella etapa. A pesar de su juventud, para Annie moverse por Washington era como pasear por el jardín de su casa.

Tras las amables presentaciones y las ceremoniosas fotografías frente al logo de aquella institución, cuestiones de protocolo, llegó el turno para que Mario expusiera las aspiraciones del Congreso Mundial de la Química. No falló. Era tan consciente del impacto global del proyecto y de la ausencia de un espacio de carácter internacional en el que se debatieran los temas más candentes del momento que, de modo natural, sedujo a la ACC. En un par de horas tuvieron el compromiso de su presidente, Pat Doyle, empresario ya veterano del sector agropecuario, congresista por el partido demócrata durante más de 20 años y uno de los mejor valorados de la historia por el sector químico. Pat haría espacio en su agenda para estar en Barcelona, participar en la inauguración del Congreso y pronunciar el discurso de clausura.

El congreso era nuevo, no tenían credenciales de éxitos pasados ni indicadores de futuro, pero ningún evento de base industrial aspiraba, en su primera edición, a una presencia tan multitudinaria como aquel, ni había construido una visión tan integradora de la industria y sociedad del futuro. La narrativa era espectacular, el «Davos de la química» se llegó a decir. Los ponentes acreditados eran lo más lucido del sector, la política y la academia, y la necesidad de crear un espacio de reflexión nuevo, neutro y global estaba en su punto más maduro tras la reciente publicación por Naciones Unidas de los retos ODS 2030 (Objetivos de Desarrollo Sostenible) y con la firma de los acuerdos del COP21 de Paris contra el cambio climático. Rick había hecho un trabajo sensacional y Mario lo había expuesto con entusiasmo y consciente de sus credenciales como ejecutivo del sector, su dimensión público-privada y de la fuerza de un proyecto ganador. No era un recién llegado. El éxito en Washington no fue casual.

Unos meses antes, la dupla formada por Mario y Rick ya había convencido a la CEFIC (European Chemical Industry Council) y a la ICCA (International Chemistry Council Association), representantes de la industria química europea y la asociación mundial de empresas químicas, respectivamente, para que no sólo apoyaran la creación del Congreso, sino que su portavoz y su director de innovación se sentaran en el Consejo de Administración del Congreso. Además, tras las palabras de bienvenida que corresponderían a Mario como presidente del Congreso, el discurso de apertura estaría reservado para el presidente de la CEFIC.

La ronda de persuasiones continuó hasta tener completado un magnífico panel de consejeros compuesto por profesionales como el director mundial de productos fluorados de una conocida marca japonesa, un economista inglés de origen indio (asesor en política económica de la entonces canciller alemana y del fondo soberano de Noruega), el presidente de la asociación europea de la distribución y logística química, la directora de investigación de la mayor empresa americana en energías renovables y el decano de la École Polytechnique de Paris y de la Haute-École de Shanghai. Annie Karlston, en representación de la ACC, también se unió al equipo.

Todo ello organizado bajo el auspicio de la mayor institución ferial de España y en el marco del congreso del sector químico más influyente del arco mediterráneo, bajo la luz de la Barcelona más espléndida. No podía quedar nada sin atar. Sería un éxito, pero Mario y Rick se mostraron cautelosos: el proyecto era atractivo para muchas mentes que, deseosas de visibilidad global y al amparo de los grandes grupos de presión política y económica, tenían la intención de llevárselo a sus territorios, lejos de la Barcelona que estaba trabajando por verlo nacer. Siendo honestos, Barcelona era un lugar fantástico para un congreso de aquella envergadura, pero su falta de tradición industrial internacional era un peaje real y las instituciones no estaban ayudando en nada, más bien lo contrario, dado el convulso contexto político, cada vez más tenso, a medida que se aproximaban aquellos días de octubre del 2017. Mario era muy consciente de todas esas sensibilidades y de los aspectos que motivaban a cada una de las asociaciones. Haber preparado bien la estrategia y haberla personalizado para cada interlocutor fueron los factores que marcaron la diferencia.

En el vuelo de regreso a Barcelona, Mario y Rick tuvieron tiempo de felicitarse por aquel logro sensacional y reflexionar sobre el reto que les aguardaba. Hasta entonces no habían tenido demasiadas ocasiones para hablar del pasado y de lo que les había hecho coincidir en espacio y tiempo.

—Conoce tu máxima aspiración —dijo Mario ante las curiosas preguntas de Rick—. Las expectativas y la ambición que persigues. Dalo a conocer. Haz que se sepa y sé amable, siempre, con aquellos que te encuentres. Trabaja en silencio, haz que los éxitos hablen por ti —Echó la vista atrás y empezó a describir aquel viaje que inició un frío otoño en Bélgica.

Contextualiza

17 de octubre de 2011. Lieja. Mario llevaba horas dando vueltas de un lado a otro de la cama. Acumulaba dos noches en vela y no estaba para nada acostumbrado a ello. Como uno de tantos de los que trabajan a todas horas, seis días por semana, normalmente caía rendido en la cama y dormía como un tronco. No necesitaba muchas horas de sueño, unas cinco le valían, incluso cuatro, si eran del tirón. De hecho, llevaba una temporada en el trabajo algo cómodo, quizá incluso menos estresado que en otras épocas. Eso sí, las circunstancias eran algo distintas. Aquella lujosa cama, lejos de casa, no conseguía aportar la calma necesaria. Junto con un elenco significativo de colegas, participaba en el lanzamiento de un proyecto cuya envergadura era mayor a lo que estaba acostumbrado. El lugar elegido era espectacular: una antigua abadía monacal, denominada la «Gran Abadía de la Hiedra», con su claustro, sus amplias estancias, sus salones, secularmente habitada por monjes que producían una aplaudida cerveza tostada, tan tradicional en el país, rodeada de verde paz y apartada de las grandes urbes. Ni había monjes ni tinajas de cerveza. Todo estaba meticulosamente rehabilitado para ofrecer uno de los mejores entornos del centro de Europa para convenciones profesionales de primer nivel. Aunque las distancias del país eran cortas y los accesos al lugar fáciles, reinaba la tranquilidad y las condiciones ideales para una concentración absoluta y centrada únicamente en el motivo de la reunión. El lugar había sido cuidadosamente elegido para que las reuniones transcurrieran sin distracción. No había servicio de wifi y poca cobertura móvil. La sola idea de estar una semana entera completamente desconectado del día a día, con todas las responsabilidades que tenía por aquel entonces, abarcando múltiples disciplinas, territorios y fechas límite una tras otra, era algo extraño para Mario. Sin duda, se sentía incómodo. No era la primera vez que vivía una desconexión similar. Cada vez que se acercaba el lanzamiento de un proyecto de dimensiones multidisciplinares y con impacto en diversos países,

Alchemy Solutions BV, gigante químico-farmacéutico para el que trabajaba, también conocido como ALSOL, tenía por costumbre convocar, en un lugar apartado y durante varios días, a los directivos a quienes se les confiaría el éxito del proyecto. Incluso antes de aquellos años de expatriado, Mario era recurrentemente solicitado mediante correo electrónico para eventos cuyo asunto empezaba por «invitación», que varios correos después pasaba a titularse «reunión de lanzamiento» y que terminaba convirtiéndose en tres o cuatro días de completa concentración en algún lugar ilustre, como cuando le enviaron a Brujas, aquella pequeña ciudad medieval al norte de Europa, atravesada por fríos canales, donde estuvo preparándose en lo que denominaron «Pinnacle of Leadership». O cuando fue elegido para un programa de formación ejecutiva que lo tuvo recluido durante varias quincenas en el fastuoso campus del INSEAD, escuela de negocios cercana a la ciudad de las luces; o como cuando le incluyeron entre los empleados con mayor potencial («high-potentials» en la jerga de las multinacionales) y se encerraron una semana en un castillo de Lovaina, con otros «elegidos», a fin de inculcarles la mentalidad que debían destilar como futuros líderes del grupo. O el lanzamiento de aquel proyecto que logró centralizar todos los servicios financieros y de recursos humanos en una ciudad del sur de Europa, por una cuestión de optimización de costes, y que tantas veces le hizo visitar la bonita villa portuguesa de Cascais, sede definitiva del centro de servicios, así como un largo etcétera. En definitiva, había pasado por situaciones similares y tenía perfectamente aprendido el modo de gestionar el día a día laboral de forma discontinua y remota. Sin embargo, esta vez sentía algo distinto. Los demás asistentes a la abadía también habían pasado por experiencias similares. Todos habían sido elegidos minuciosamente por su bagaje curricular y trayectoria en la empresa. Y, aun así, estaban inquietos.

El motivo de aquella reunión era el lanzamiento de un nuevo proyecto dentro del grupo, una multinacional con más de 150 años de historia. A lo largo de los años, esta se había convertido en una amalgama de negocios agrupados bajo el mismo paraguas corporativo. Algunos pertenecían al mundo más básico de la química, con procesos inventados por el propio fundador de la empresa, comodotizados con el paso del tiempo, pero tan intensivos en capital que eran poseedores de una ventaja competitiva difícil de retar. Algunos negocios habían crecido como subproductos de la idea original y otros habían sido adquiridos para complementar aquellos o para ofrecer cobertura a los períodos más inestables de la economía por tratarse de sectores inmunes a los ciclos, como la división farmacéutica, o simplemente porque los ejecutivos de turno lo vieron como una buena oportunidad de negocio.

En sus diversas funciones, siempre corporativas en el área financiera, M&A y estratégica, Mario había acompañado algunos de esos proyectos en los prácticamente 10 años que llevaba en la empresa, tras otros tantos en una firma de abogados de primer nivel, donde dio sus primeros pasos como profesional. De hecho, se había incorporado asumiendo unas responsabilidades muy técnicas del área jurídico-financiera en la sede de la región ibérica, digamos que periférica, donde tenía responsabilidades funcionales sobre un par de países y cierta exposición internacional, pero algo local a pesar de todo. Al fin y al cabo, la veintena de sociedades bajo su perímetro de responsabilidad eran una pequeña porción teniendo en cuenta las prácticamente 450 filiales del grupo. Aun así, algunas macrotendencias jugaron a su favor: la pirámide de edad del grupo era propicia para un joven con cierta ambición, un entorno empresarial paternalista en una estructura hecha por y para perfiles ingenieros, muy cartesianos, que hacían las cosas según dictaba el manual porque siempre se habían hecho de una determinada forma, favorecía el crecimiento de un perfil transversal con amplia sensibilidad por la dimensión humana de la empresa y con habilidades sociales, la aceleración de grandes operaciones globales de M&A de principios de los años 2000, las oportunidades de negocio internacional, la maquinaria reguladora de la economía verde, la creación de centros de servicios compartidos a diestro y siniestro, la concentración de poder funcional en sociedades holding, etc. Todo ello derivó en una propuesta de expatriación a la sede corporativa situada en la capital de Europa, causando un terremoto emocional personal y familiar de magnitudes máximas, para entonces desconocidas, que no obstante aceptó. Una vez asentado en las oficinas centrales, el potencial de crecimiento profesional era muy amplio, la asunción de nuevas responsabilidades sólo estaba condicionada a su capacidad de trabajo, que era proporcionalmente tan elevada como su resiliencia, desarrollada, entre otras razones, por un grave accidente de coche que lo tuvo postrado entre el hospital y su casa durante casi un año en su juventud. Esa capacidad y voluntad de servicio se tradujo no sólo en el respeto profesional técnico, sino también en oportunidades transversales y de alcance global, llegando a participar en múltiples proyectos, en todos los continentes. Llegó a conocer las dinámicas corporativas con mucho detalle y su visibilidad en el grupo era tan notable que le propusieron atender una formación en una destacada escuela de negocios de la que resultaría un nuevo cambio de responsabilidades corporativas. Ese crecimiento no pasó desapercibido externamente. Pronto le acompañaron distinciones públicas de diversa índole, desde premios otorgados por asociaciones profesionales hasta reconocimientos institucionales de alcance europeo y a nivel político regional, además de cierta visibilidad en medios radiofónicos internacionales y prensa. Esos logros eran razón para invitar a Mario al lanzamiento de aquel proyecto transformador, si bien no era completamente consciente de lo que aquello llegaría a suponer. Desde el primer minuto estaba claro que todos los participantes habían sido minuciosamente elegidos. Prácticamente todos tenían más experiencia que el propio Mario, con un largo recorrido en el negocio. Por supuesto, estaban presentes los presidentes de las 16 unidades de negocio, así como los directores mundiales y cargos más destacados de cada una de las funciones corporativas; recursos humanos, compras, finanzas, I+D, etc. Esta selección tenía a todos, no sólo a Mario, curiosos y en alerta, como si hubieran sido elegidos para tomar parte en algo que, tras aquella seductora apariencia, escondiera un lago amargo.

Antes de decidir, comprende

Las acciones y la voz de todos los allí presentes, en su día a día en la oficina, transmitían esa seguridad tan propia de quien ha alcanzado la plenitud profesional completa y conoce su negocio al dedillo. Sin embargo, ese día, en aquella abadía, flotaba una extraña carga en el ambiente que tenía intrigados a todos; Mario incluido, obviamente. Hacía algún tiempo que corrían rumores de que aquella adquisición tan esperada por los mercados se parecería más a una fusión inversa o, como poco, a una integración de negocios activos en similares mercados, estrategias y productos. De hecho, los chismorreos se disparaban cada vez que el grupo realizaba algún tipo de adquisición o venta de filiales, por menor que fuera. Con la perspectiva que da el tiempo, y visto desde fuera, se trataba de una operación muy natural, pero que no apetecía a nadie dentro de la casa. Cualquier integración implicaría algún tipo de lucha cainita. Si dos negocios debían integrarse, eso significaba que uno de sus dos presidentes perdería el cargo, lo cual inquietaba no sólo a los directamente afectados sino a todo su entorno, directo e indirecto, por el efecto dominó derivado, hacia abajo y hacia los lados. Digamos que, ante un cambio organizativo, todos los peones eran movibles. La división de las actividades del grupo en distintas líneas de negocio era un modo de gestionar el rendimiento de sus directores, puesto que propiciaba un tipo de competición interna y entre los ejecutivos al frente. La historia del grupo invitaba al trato elegante y las relaciones cordiales entre compañeros, pero la maximización del rendimiento de los profesionales más senior se favorecía apelando a sus egos. Si bien la simplificación del grupo por fusión de algunas de aquellas líneas de negocio era un asunto recurrente, nunca se tomaban decisiones definitivas.

En cualquier caso, en una de las grandes paredes de la Abadía de la Hiedra, la palabra IMPULSO destacaba en letras gigantes. El reciente nombramiento de Karen Heindricks como CEO de la empresa, sin haber pasado antes por todos los rangos que eran tradicionales en el grupo, había sacudido algunos cimientos.

Se trataba de un grupo industrial centenario, cuya cultura y estilo consensual de los dos hermanos fundadores eran un legado inconfundible que pasaba de generación en generación. Eran, incluso, motivo de orgullo de su país por todo el patrimonio industrial, académico y social que habían legado al continente. Por ejemplo, siendo los primeros en instaurar la baja por maternidad remunerada a principios del pasado siglo, mucho antes de que lo regulara cualquier país, creando la mayor escuela de negocios de su país o la biblioteca pública más ilustrada de la capital de Europa. Karen estaba muy preparada, extraordinariamente, pero sus credenciales no respondían a la ortodoxia interna de ALSOL. No era una cuestión de haber empezado desde abajo en aquellos compromisos de por vida con la empresa, tan habituales en generaciones pasadas, sino que nunca había tenido responsabilidades funcionales en ninguna sede del grupo que le sirvieran para ganarse la confianza de los principales ejecutivos de cada línea de negocio y para comprender bien las complejidades y pugnas corporativas, ni tampoco había estado un tiempo al frente de una unidad de negocio, a ser posible en un país periférico, con responsabilidades sobre negocio, personas y P&L. No así, Karen había sido fichada de una corporación totalmente desvinculada del negocio de ALSOL, cuyas dimensiones, eso sí, triplicaban las de esta, y de la que además era miembro de su Consejo de Administración, directora financiera y a su vez llevaba la Secretaría General del Consejo. Atrás había dejado un tiempo en el sector veterinario como CEO de una empresa de notables dimensiones y otro como directora de estrategia en el sector petroquímico, a donde llegó tras alcanzar la sociatura en una Big4. Su perfil era muy corporativo, en su día fue buena técnica, pero había evolucionado hacia un rol más amplio, polivalente y transversal orientado a la gestión y dirección de empresas. Aunque estaba familiarizada con la industria química, por proceder de un sector adyacente, su principal rasgo, además de sus capacidades ejecutivas, era una mentalidad distinta, dinámica, que enriquecía al grupo por su diversidad, viniendo de una cultura alejada al origen del grupo y siendo mujer en una institución mastodóntica repleta de ingenieros. Además, por genética y por educación, estaba a medio camino entre el próximo oriente y el mundo anglosajón. ALSOL era una empresa convencida de que la diversidad suponía una ventaja competitiva y con Karen, natural del Líbano pero educada en Inglaterra tras un traslado forzado por la guerra civil, alineaba el discurso de que detrás de cada nombre y de cada cara había una personalidad y una rica historia por contar. La empresa había optado desde años antes por crear una cultura de inclusión e incentivar que cada uno aportara su total individualidad al trabajo. ALSOL quería que todos sintieran que sus diferencias son apreciadas y que la perspectiva única que ofrece cada uno importa. Karen representaba toda esa dimensión humana.

Tras su fichaje, no perdió un solo segundo preguntándose por qué ella; viajó a la mayoría de países donde el grupo estaba presente y visitó la mayoría de sus fábricas, se reunió con equipos de todo tipo —comercial, producción, finanzas, I+D, legal, recursos humanos, comunicación, etc.—, aprendió sobre todos y cada uno de los productos, sus ventajas competitivas y sus puntos débiles, quiso comprender los mercados y la naturaleza de los proveedores y clientes, incluso se reunió con alguno de ellos y participó en la preparación de los presupuestos y planes estratégicos de cada línea de negocio.

La mayoría de los directivos de ALSOL había dedicado su vida al grupo. Como suele decirse, eran parte del mobiliario. Karen tardaría siglos en comprender los entresijos de todas y cada una de las líneas de negocio, lo que distinguía un segmento de mercado respecto de otro, las distintas estrategias, etc., lo cual no era de extrañar, pues se trataba de un conglomerado industrial con 16 líneas de negocio, presente en más de 50 países y que daba trabajo a prácticamente 30.000 personas. Todos pensaban que era mucho por digerir para alguien nuevo, no sólo en el grupo, sino recién llegado al sector.

Tras unos primeros meses intensos, Karen tomó una posición más retraída, participando sólo en algunas reuniones clave, interviniendo en pocas cadenas de mensajes y pasando la mayoría del tiempo en su despacho. Se decía que tanto el Consejo de Administración como el presidente del grupo la habían tenido muy ocupada. Ahora, en aquella abadía, con Karen al frente, estaba claro que su dedicación primordial se había centrado en crear un proyecto fuera de lo común y esa semana sería su puesta de largo.

Impulso

Todo empezó de forma exquisita e impecablemente organizada. Los participantes llegaron entre el mediodía y el principio de la tarde. Tras una breve reunión introductoria para descubrir la zona de habitaciones, las áreas comunes, los jardines, los equipamientos deportivos, el pianobar, los horarios de servicio, etc., los participantes se fueron presentando. Después de tantos años, muchos de ellos habían hablado por teléfono, pero no todos se conocían personalmente. Estuvo bien poner cara a las voces. Otros llevaban tanto tiempo siendo compañeros que enseguida hicieron sus corrillos y, por supuesto, en un grupo de tales dimensiones, otros ni se conocían ni habían hablado nunca entre ellos, pero todos sabían quién era cada uno o qué méritos aportaba. En todo caso, todo estaba minuciosamente preparado. Se notaba tanto la dedicación del personal interno —secretariado, comunicación, dirección de talento, informática, etc.— como la colaboración de unos consultores externos que asistieron a todas y cada una de las sesiones, quienes se encargaron de entregar, para sorpresa de todos, unos dosieres con más de 300 páginas detallando todo lo que iba a suceder durante esa semana (agenda, pausas, actividades de ocio, talleres, sesiones plenarias, presentaciones, invitados, etc.). Incluso una breve biografía de cada uno de los asistentes. ¡La cosa iba en serio!

Ese primer día terminó con una cena ligera y muchas tertulias en la zona del piano-bar, habilitado como zona de relax, a modo de club inglés, con sus butacas y, por supuesto, sus tiradores de cerveza. Antes, Karen había reunido a todos los participantes para anunciar el título del proyecto: ¡IMPULSO!

Esa iba a ser la palabra más pronunciada de los meses siguientes. Estaban todos encaminándose hacia un lugar no explorado hasta entonces por aquella empresa que había superado dos guerras mundiales, el hundimiento del 29, la guerra fría, la crisis del petróleo, la reciente gran recesión financiera, etc. Y llegaba Karen con la ambición de dar un nuevo IMPULSO a toda aquella historia en mayúsculas. El discurso de Karen empezó con una actualización sobre las actividades del grupo e invitó a todos a recordar los grandes logros conseguidos. Luego compartió algunos de sus aprendizajes en aquellos pocos meses en el grupo y explicó las razones que habían motivado que la dirección decidiera, por fin, hacer un cambio: el momento de fusionar varios negocios y crear una nueva entidad, una nueva personalidad, había llegado. Se disponía a transformar el grupo. Anticipaba la generación de una cantidad enorme de sinergias. Todo aquel talento e historia industrial tenía el potencial de construir el líder de mercado. Visto en conjunto, los aspectos positivos eran mayores que los negativos, que también los había. Mario y sus colegas atendieron las palabras de Karen con escepticismo.

Karen no permitió preguntas. De hecho, explicó el trabajo preparatorio llevado a cabo por los consultores, dio amplio detalle del contexto y se explayó en las razones por las que cada uno de los asistentes había sido elegido. Con ello, quedó claro para todo el mundo que IMPULSO no era un proyecto más. Por el contrario, en opinión de Karen, sería el proyecto más importante en la carrera de cada uno de los participantes, una oportunidad de aquellas de las que se habla con orgullo en el futuro, con el paso de los años, a las generaciones venideras. Mario había oído discursos similares a lo largo de su carrera, sobre la importancia de un proyecto u otro y todo lo que se podía alcanzar uniendo el talento colectivo. Sin embargo, ninguna experiencia anterior podía compararse con esa, fuera por el nivel de conocimiento que se compartiría, fuera por el impacto global esperado, fuera por el hecho que participaban las personas más relevantes del grupo. 150 años de historia dan para mucho, pero, como organización, no se recordaba un proyecto de tal magnitud ni una preparación de tal calado, empezando por esa semana fuera de las oficinas, por la categoría de los consultores, la exhaustividad de los documentos de apoyo y lecturas preparatorias, de los análisis facilitados, los escenarios planteados, las alternativas, y mucho más. Sin duda, la puesta en escena era distinta a todo lo visto hasta entonces. Al salir de la gran sala donde transcurrirían la mayor parte de las sesiones, denominada «La Grange Dimière» (Colecturía o el Granero de los Diezmos) —en referencia a la gran edificación presente en las abadías medievales dedicada a colectar las rentas correspondientes a la décima parte de los frutos del campo que los feligreses de una diócesis suministraban anualmente para el mantenimiento eclesiástico—, Mario habló con algunos compañeros y, sin excepción, todos estaban entre sorprendidos y curiosos, algo escépticos y, sin duda, muy inquietos. Nadie se mostraba convencido del IMPULSO.

Crea un sentido de urgencia

La dirección financiera estaba capitaneada por un descendiente de la familia fundadora que, además de ser el máximo responsable de esa área corporativa, tutelaba las actividades en Europa y tenía experiencia ejecutiva en varios continentes y en distintas funciones. La última gran adquisición era fruto de su buena gestión. Era incluso miembro del Consejo de Administración del mayor accionista de ALSOL, organismo al que no pertenecía ni siquiera el CEO. Además, era un trabajador infatigable y meticuloso. En ese contexto, si bien todos los informes se emitían con rigurosa puntualidad y eran debidamente auditados, como buena entidad cotizada, la posición financiera del grupo no se cuestionaba. Ningún empleado de aquel entonces, ni muchos de los observadores externos —como la prensa económica, proveedores, clientes, etc.—, dudaba de que, en su debido momento, aquel director financiero sería nombrado primer ejecutivo del grupo, pero la fuerza del resto de accionistas sorprendió a todos apostando por buscar talento externo y así llegó Karen.

Por ello, lo que pasó en aquella abadía desequilibró a muchos cuando, al día siguiente, Karen empezó las sesiones compartiendo una perspectiva distinta de la entonces idolatrada información financiera. Nada que ver con lo vivido hasta ese momento. Las heridas de la reciente crisis financiera no estaban curadas. Por ello, cualquier negocio con ratios positivos era visto desde el optimismo. Así pasaba en ALSOL. El hundimiento estrepitoso de algunas áreas de negocio del grupo a causa de la recesión financiera del 2008 había sido compensado con el buen comportamiento del negocio farmacéutico, un sector inmune a los ciclos económicos. Unido a la recuperación global, en ALSOL reinaba el optimismo, de nuevo.

¿Vivían todos en la inopia? Seguramente no. La información financiera es un arma muy poderosa que, además, ofrece la flexibilidad necesaria para presentarse desde distintas perspectivas sin perder un ápice de veracidad. En todo caso, era necesario reaccionar. Karen decidió cambiar el estilo de comunicación financiera y exponer algunas verdades dolorosas, muy críticas.

Durante décadas, la principal tarea de los comerciales fue asignar las ventas a sus clientes en función de la capacidad productiva de las fábricas, tal era el dominio del mercado que no se daba abasto a la demanda. Ya llevaban un tiempo, desde principios de los años 90, en que tenían que luchar por el cliente, conservarlo y trabajar por aumentar su ticket medio. Toda aquella congregación de directivos era consciente de que la pérdida de la grandiosidad de antaño, una actitud algo conformista y la obsolescencia de la cartera de productos, se había traducido en pérdida de competitividad. Sin embargo, era la primera vez que oían, sin paños calientes, que, en los años precedentes a la recesión, la competencia había innovado, progresado, transformado y, en definitiva, crecido mucho más rápido que ALSOL. Karen fue brutalmente honesta informando que, más allá de indicadores de facturación, EBITDA, dividendo distribuido, porcentajes de crecimiento, etc., las distintas divisiones de negocio no recuperaban el coste del capital. Y ese capital era de los inversores, en gran medida concentrados en pocas familias directamente descendientes de los fundadores, quienes no estaban dispuestos a que la situación se prolongara.

¡Menudo bofetón! ¡Cómo era eso posible! Aquella gente había crecido acostumbrada a los aplausos y felicitaciones públicas por sus resultados y por el desarrollo de talento. Ese tipo de reuniones asamblearias habían sido siempre el momento para extender enhorabuenas. De tan grandes, estaban convencidos de funcionar a la perfección. Cada año se facturaba más y se ganaba más, a pesar de todas las crisis, pero el grupo había perdido cuota de mercado y se había desprendido de algunos negocios altamente rentables por no haber sido capaces de aportar nada nuevo al mercado. Algunos directivos se pavoneaban de ser los mejores vendedores del mundo de los mejores productos del mundo, lo cual era una verdad parcial; se trataba de los mejores productos del mundo descubiertos en la posguerra a mitad del siglo xx. Estábamos a las puertas de la revolución industrial 4.0 y aquella empresa, rebosante de talento y comprometida con la excelencia técnica y humana, funcionaba por debajo de su potencial.

De repente, nada era para siempre, ni sus propios puestos de trabajo. Karen había recibido un mandato y pensaba cumplirlo.

Un objetivo ambicioso

A Karen le gustaba trabajar con conceptos y metas concretas que pudieran quedarse fácilmente en la cabeza de la gente, sin perjuicio de que, cuando fuera necesario, se desarrollaran con mayor detalle. Su punto de partida era muy simple y nunca exigía más de cuatro objetivos. IMPULSO consistiría en lograr los 3 siguientes;

- Doblar resultados sin añadir demasiados costes (lo que significaba la nada modesta cifra de pasar de los prácticamente mil setecientos millones de euros de beneficio a casi tres mil millones).
- Poner al cliente en el centro de las decisiones (se trataba de mover el eje). Un grupo fundamentalmente industrial, fabril, técnico, intensivo en capital que llevaba décadas teniendo al negocio en el centro de todas las decisiones (*business centric*), tendría que pasarse a un modelo en el que todo, desde los procesos industriales hasta la I+D, estaría diseñado para servir a las necesidades del cliente (*customer centric*). Esto supondría cambiar una organización de líneas de negocio basada en producto —bicarbonatos, peróxidos, plásticos, silicatos, etc.— a segmentos de servicio al cliente —productos químicos para el gran consumo, materiales avanzados, polímeros especiales, productos químicos de alto rendimiento, etc.—.
- Orientar todas las direcciones funcionales al servicio del cliente interno, el negocio; esto es, áreas corporativas como finanzas, recursos humanos, I+D, comunicación, relaciones públicas, compras, legal, etc., dejaban de tener razón de ser por sí solas. Existirían única y exclusivamente en la medida que sirvieran al negocio. Sus procesos y su dimensión se ajustarían a esas necesidades.

Trasladó su convencimiento de que, alcanzados esos objetivos, ninguna nueva crisis podría hacer tambalear la sostenibilidad del grupo.

Obviamente, una posición financiera robusta facilitaría el acceso al capital en condiciones más ventajosas, así como unas capacidades productivas que permitieran acompañar mejor las crecientes necesidades de los clientes, a la vez que mejorar en innovación de productos y mercado, sobre todo en sectores emergentes como materiales sostenibles, telemedicina, inteligencia artificial, biotecnología, etc. Karen se había ayudado de un buen análisis para trazar el destino. Lograrlo sería una historia totalmente distinta.

El negocio no iba nada mal y, de hecho, nadie cuestionaba las ventajas descritas en el plan trazado, pero ¡hacerlo en sólo 4 años! Supondría un crecimiento anual superior al 15 %, un doble dígito muy por encima de lo habitual en el mercado y, por supuesto, mucho más del que Alchemy Solutions había conseguido en las últimas décadas. De hecho, para un grupo con siglo y medio de historia, cuya estructura y velocidad eran poco más rápidas que las de un gran ministerio, lograr ese objetivo en una fracción de tiempo tan corta parecía no sólo ambicioso, sino bastante ingenuo.

La mente de Mario empezó a dibujar distintos escenarios; si crecían a costa de la cuota de mercado de los competidores, ¿cómo responderían estos?; si crecían gracias a vender mucho más de su actual cartera de productos, ¿estarían las fábricas preparadas para sostener la intensidad del nuevo ritmo de producción? Y, en ese caso, ¿tendrían que reducir precios a fin de lograr los volúmenes de venta deseados, a costa de hacer todavía más difícil el objetivo de facturación? ¿Cuál sería el impacto en márgenes? ¿Podrían incorporar tanto talento como fuera necesario para alcanzar esa ambición? Fuera como fuera, estaba claro que se enfrentaban a un proyecto que iba a requerir un esfuerzo nunca antes vivido. Y luego estaban todas aquellas dudas de naturaleza más personal, ¿no habían trabajado lo suficientemente duro hasta entonces como para que ahora se cuestionara lo conseguido tras tanto esfuerzo? ¿Qué impacto iba a tener en sus carreras? ¿Acaso los logros de la empresa no eran un buen reflejo de unos logros personales merecedores de respeto?

¿Vendrían nuevos profesionales, de fuera, a conducir un negocio que aquellos directivos sentían como propio? En toda aquella experiencia directiva acumulada entre las paredes de la «Grange Dimière», había ciertos axiomas de producción, crecimiento, monetización, ciclos que se consideraban reglas inalterables. El grupo había tenido un papel crucial en la configuración de la industria química global. En su momento, en tiempos de blanco y negro, habían sido la mayor multinacional del mundo. ¿Cómo se podía pretender cambiar aquellos principios de la industria en tan pocos años? El conjunto de ejecutivos más veteranos, los considerados de siempre, incluso se planteaba si Karen realmente conocía el sector.

Una ambición viable

27 de julio de 2017. Nueva York. Esperando el transbordo entre Washington y Barcelona desde la ciudad de los rascacielos, frente a un clásico bagel de salmón con queso crema y un par de cervezas, Mario fue compartiendo con Rick aquellas reflexiones de los días de ALSOL.

—Cuando hablas del escepticismo planteado por «los de siempre» —interrumpió Rick—, me hace pensar en las dudas, cada vez más evidentes, sugeridas por diversas líneas de opinión pública del país sobre nuestros representantes políticos. Son muchos, «los de siempre», los que se preguntan hasta dónde llegará el presidente, si realmente sabe a lo que se enfrenta, ¿no crees?

—¡Así es, querido Rick! —reaccionó Mario—. El paralelismo con lo que sucede en estos momentos en nuestras instituciones públicas es evidente. Conocer tu sector, tu ecosistema, a tus compañeros de viaje y a ti mismo es fundamental. El proyecto que ha propuesto acoge, a partes iguales, el desencanto y la ilusión de buena parte de la ciudadanía. La aspiración a máximas cotas de soberanía es de una ambición nunca vista y, si bien ha sido explicada de un modo, digamos, simple, el líder no puede ignorar el sector en el que opera y sus dinámicas. En este caso, la dinámica de partidos y la concurrencia política no pueden ser menospreciadas. El presidente procede de las bases del activismo cultural, particularidad que le permite ser muy cercano a un amplio alcance del territorio, pero no es un político tradicional, ni por vinculación a un partido ni por el modo en el que ha llegado a la presidencia, fruto de varios descartes. Sin duda, ha sabido transmitir un mensaje de ilusión con mucha claridad, pero no es en absoluto evidente que el camino a transitar sea factible. De hecho —continuó Mario—, ahora que se acerca el momento de la verdad, salen a la luz las primeras grietas y no lo tendrá fácil, por no decir imposible, sin la complicidad de los órganos políticos centrales. Añádele que no tiene capacidad de influir ni en el poder legislativo ni en el judicial, que, al fin y al cabo, son los órganos que ostentan el poder de promulgar y hacer cumplir la ley. Para ser honestos, la viabilidad de su proyecto parece haber sido estudiada con poco rigor, tanto desde una perspectiva de técnica jurídica como de realidad económica. Más allá de la confluencia de voluntades más o menos populistas, el logro de su objetivo es, en estos momentos, claramente incierto. Y, llegado el caso, cuando tensionas mucho a un colectivo en la búsqueda de un resultado, si no lo logras, sólo generas frustración, con el correspondiente desencanto y la progresiva pérdida de compromiso. Pasa así también en el mundo de la empresa, por eso os digo siempre que no pongáis el foco de vuestras energías en el resultado, sino en el proceso de mejora.

—Pero entonces planteas un posibilismo demasiado conformista.

—No se trata de conformismo, Rick, sino de preparación, planificación e inclusividad —respondió Mario—. Lo demás es un sueño. Me recuerdas a lo que sucedió en la Abadía de la Hiedra aquel otoño de 2011. Te iré contando más a lo largo del vuelo, pero en el momento en que alguien asume la primera línea de representación, en este caso la institucional, cuántos se preguntan ¿conocerá realmente el sector? ¿se requieren las mismas habilidades para remover con éxito consciencias sobre la injusticia desde el activismo social y cultural que para la gestión del interés público, entendido como la actuación que maximiza las mayores dosis de bienestar colectivo? —fueron algunas de las preguntas abiertas de Mario—. Como sabes, Rick, estos años de dirección pública han adolecido de una hoja de ruta clara y precisa. Tras comunicarse la ambición, no se han compartido ni los ámbitos de trabajo ni las etapas que deberían conducir a su logro. En todo caso, no ha habido un método, un plan que fuera realista y, sin método, es imposible alcanzar una aspiración tan ambiciosa cuando, además, el camino que conduce a ella es desconocido. En fin, no quiero ser pájaro de mal agüero, pero dale tiempo al tiempo —las palabras de Mario sonaron como si estuviera emplazando a Rick a evaluar esa reflexión unos meses más tarde.

—Quizá tengas razón, Mario, pero las calles están llenas de ilusión. Es un movimiento nuevo que pone al país frente a un momento crucial —apuntó Rick.

—Alguien dijo que si puedes soñarlo, puedes lograrlo. Y yo discrepo, prefiero pensar que si puedes planificarlo, puedes lograrlo. Ahí está la clave de nuestra discrepancia. No tengo nada en contra de la ilusión, pero estoy convencido de que la política es el arte de hacer posible lo necesario; y lo que necesita el país, como yo lo veo, es progreso social y económico, creación de empleo, atracción de inversiones, competitividad empresarial, educación de calidad y un servicio de salud pública garantizado. Tampoco en estas áreas ha habido una hoja de ruta coherente. Esto sí tiene un impacto directo en el progreso y el bienestar de las personas. Como sabes —continuó Mario—, hasta hace pocas semanas tuvimos al frente del departamento responsable de las políticas de empresa a alguien que, entrado en sus cincuenta y tantos años, nunca ha pagado una nómina ni tenido empleo privado donde demostrar su valía. Un departamento cuya mayor responsabilidad es la de fomentar políticas públicas de inversión, promoción del ecosistema empresarial y generación de empleo de calidad y sostenible a largo plazo no puede estar liderado por alguien que ha enlazado cargos públicos menores durante los últimos veinte años y que no ha trabajado nunca fuera del cobijo de la Administración. Eso explica que el departamento no haya tenido visibilidad ni dirección clara sobre las prioridades empresariales del país.

—Pero Mario, esa cuestión es más técnica que política. Podría resolverse con una buena mano derecha.

—No siempre, Rick. Hace poco más de un año, correría el mes de mayo de 2016 cuando viví todo lo contrario al lanzamiento de IMPULSO, meticulosamente preparado en ALSOL. Todavía no estábamos tan inmersos en la preparación del Congreso Mundial de la Química ni nos planteábamos esta serie de reuniones en Washington, cuando varias personalidades del ámbito público, mis jefes por aquel entonces, también aspiraban a dar un nuevo impulso a la industria del país. ¿Te acuerdas del famoso Pacto por la Industria?

—Cuéntame —se interesó Rick.

—Comprenderás que hay detalles que no se pueden contar, pero sí ciertas particularidades. Era un jueves por la noche, fuera de horas, cuando a media cena recibí la llamada de mi jefa, que vendría a ser lo más parecido a eso que llamas mano derecha de los representantes políticos del momento.

—¡Mario! ¡Atiende! —vociferó ella—. Mañana por la tarde, el presidente tiene un encuentro con representantes del ecosistema empresarial del polo petroquímico. La industria del país está en horas bajas, hay mucho ruido de fondo ideológico y las encuestas indican una tendencia negativa sobre cómo son percibidas las actuaciones públicas por buena parte del entorno empresarial. Habrá prensa, así que el equipo de comunicación y gabinete del ejecutivo ha decidido hacer público el lanzamiento de un Pacto por la Industria, una hoja de ruta que afectará a todas las infraestructuras de competitividad del país.

—Está bien. Sin duda es una necesidad prioritaria del país —asentí—. Impulsar la competitividad industrial equivale a generar puestos de trabajo de calidad. Nos tienes de vuestro lado. ¿En qué podemos ayudar desde mi equipo?

—Escúchame bien, nuestros representantes no tienen discurso empresarial ni trayectoria industrial que les avale. Estas cuestiones nunca pueden improvisarse, pero en este caso menos porque no resultaría auténtico. Necesitan un buen relato a las 10.00 de la mañana ¡en punto! Es el tiempo máximo que nos ha concedido el gabinete de Presidencia para que ellos puedan validarlo antes de su incorporación al dosier de intervenciones.

—Lo tendrás, nunca te hemos fallado —le indiqué con voz tranquilizadora.

—Como sabes, se trata de una exposición ante un sector, el de la química, que aporta el 14 % del PIB del país —ella seguiría presionándome—. ¡Importantísimo! ¡Que no se te olvide el impacto mediático que eso puede tener!

—Por supuesto, no me olvido y espero que tú tampoco que, aparte de trabajar para ti, soy el presidente del Congreso Mundial de la Química. —Sentí esa necesidad de puntualizar.

Activé a todo el equipo. Tenía la suerte de dirigir un equipo extraordinario de economistas, abogados, politólogos, ingenieros y profesionales de la comunicación altamente comprometidos con la misión que tenían encomendada: definir las estrategias de competitividad empresarial del país. Enseguida puse a Alex de Parga y a Montse Pedrafita, mis colaboradores de confianza, al corriente de la petición. Trabajé durante toda la noche y, cuando llegué a la oficina, el primero como casi siempre, ya había ideado tres cuartas partes del discurso. La pericia y experiencia de mi gente hizo el resto para que las ideas tuvieran sentido y los indicadores económicos y sociales estuvieran respaldados por la realidad de los datos. El discurso salió impecable. El trabajo de verdad empezaría ahora, cuando tras el titular «Pacto por la Industria» habría que dar forma a esa iniciativa con una serie de actuaciones y su correspondiente asignación presupuestaria, en el desafiante marco de un contexto político socialmente inestable y unos presupuestos prorrogados.

En mis años en ALSOL tuve responsabilidades que alcanzaban un perímetro mucho mayor que aquel cargo en esa agencia pública, pero ese sacrificio se veía muy recompensado por el sentimiento de que mi experiencia contribuía, en alguna medida, positivamente al bien colectivo. Por mucho que el equipo fuera escéptico con aquel Pacto por la Industria, tal era el compromiso que había conseguido inculcar que lo plantearon con una ilusión enorme.

—Mario, hemos visto muchos como este, cada nueva legislatura viene un iluminado con sus ideas —me comentó Alex.

—No me transmites mucha energía. Presiento cierta frustración, ¿es posible, Alex?

—Al final se trata de sacar mucho papel, unas cuantas portadas y cierta notoriedad pública, lograr el voto favorable de unos cuantos, la mayoría a ser posible, y luego ir justificando las actuaciones en base a ese trazado —apuntó Montse, viniendo a reforzar el comentario de Alex.

La dupla se mostró desconfiada, precavida y quisieron advertirme, al unísono:

—Todos los planes industriales anteriores, nacidos con poca fortuna y gestionados con algo de negligencia, murieron al poco de nacer o se fueron diluyendo en el tiempo —prosiguió Alex, quien era la persona con mayor experiencia de gabinete y relaciones parlamentarias en aquel equipo—.

Tomé debida nota, pero perseveré en el empeño. Tras muchas semanas de trabajo, entre ocho y diez meses de redacción y negociación con todos los partidos con representación parlamentaria y los agentes sociales (Comisiones Obreras, UGT, Pimec, Foment del Treball, etc.), el Pacto por la Industria salió adelante. El esfuerzo de mi jefa y del gabinete técnico fue titánico. En el fondo, continúo admirando muchos aspectos de su personalidad. Fue una obra excelente desde una perspectiva académica. Los seis ejes de trabajo elegidos no podían ser más acertados; competitividad y ocupación industrial; dimensión empresarial y financiación; industria 4.0 y digitalización; formación; infraestructuras y energía, y sostenibilidad y economía circular. Más de 116 actuaciones para un presupuesto de casi 1.850 millones de euros. Lamentablemente, los proyectos no llegan a buen puerto sin el impulso económico necesario.

—Pero en este caso, Mario, el Pacto sí se concretó, yo lo he visto en los periódicos —cortó Rick mientras se disponía a ocupar su asiento tras acomodar su maleta de cabina.

—Efectivamente. Se ha aprobado hace un par de semanas con la ironía de que ninguno de sus impulsores continua en el cargo público. Sus sucesores son quienes llenan ahora las portadas.

—Pero esto ya son cuestiones de ego en las que no podemos entrar. La obra política permanece —indicó aquel compañero de batallas.

—No te engañes, amigo Rick. Apuesto que, finalmente, la razón última se la llevarán Alex y Montse, puesto que el Pacto se quedará, efectivamente, en forma de un bonito papel porque nace sin presupuesto.

También entre las piedras de aquel claustro pesaba la idea de que IM-PULSO era una misión imposible. Nadie había logrado nada parecido en el grupo, a excepción de sus fundadores más de un siglo atrás. Algunos factores podían favorecer su logro, pero, como otras veces antes, muchos pensaron que IMPULSO no sería más que un buen programa, lanzado a bombo y platillo, destinado a morir sin dejar rastro.

De sus primeros tiempos en ALSOL, Mario recordaba el proyecto FIT, que tuvo por objetivo eliminar todo lo superfluo mediante la creación de un centro de servicios compartidos, con alcance mundial, para las áreas financieras y de recursos humanos. Las más mecánicas y automatizables, se justificó. Lanzado a nivel global a fin de recortar costes, se consiguió una transformación de los procesos, actividades y competencias nunca visto. En Europa, el impacto afectó a 1.300 puestos de trabajo, reducidos a 600 sin dar lugar a ningún despido. No sólo se optimizó la función, la calidad del servicio interno y la estructura de costes, sino que se hizo en plena coherencia con los valores humanos del grupo y el respeto a las personas que, desde su fundación, tanto le caracterizaba. Un éxito, un logro del que se habló durante tiempo y que todavía perdura como legado de aquellos que participaron en su configuración y puesta en marcha. Mario fue uno de los que estuvo al frente.

¿Sería este IMPULSO un caso de éxito similar o un más de lo mismo? Los silencios iniciales fueron llenándose de tensión durante las sesiones de esa semana en la Abadía de la Hiedra, pero Karen mantuvo bien la calma. Respondió a todo, aportó datos, clarificó ideas y reconoció que no lo sabía todo, que buena parte del camino se descubriría andando, juntos. Lo que no permitió, bajo ningún concepto, fue cuestionar el objetivo en sí. De hecho, en ningún momento se mostró dubitativa al respecto. Mario sintió, por primera vez desde su incorporación al grupo, la sensación nada familiar de que todo estaba por descubrir y que todo estaba en cuestión sobre un futuro que, tanto profesional como personalmente, desde aquel momento seria independiente de los éxitos y logros del pasado. Cada día sería una reválida. Le tranquilizó saber que esa sensación era mayoritariamente compartida. También había cierto consenso de que la ambición de Karen era poco realista, pero no del todo descabellada. Quizá con más esfuerzo y energías de las que estaban acostumbrados, que ya eran muchas, pero con inteligencia, determinación y perseverancia debería poder lograrse. Toda la maquinaria productiva y organizativa debería funcionar al unísono, dando lo mejor de sí. A diferencia de lo que Mario viviría en otras organizaciones, IMPULSO era una ambición viable. A pesar de los recelosos, Mario, plano en emociones, pero de carácter optimista, veía el vaso medio lleno. Tenía una capacidad especial para anticipar las motivaciones individuales de cada persona, interpretar los patrones de comportamiento que solían mover a unos y a otros en una determinada dirección, el propósito y la autenticidad del mensaje, pero no terminaba de descifrar a Karen y eso le incomodaba.

Afortunadamente, aquello le dio el callo necesario para que en el cargo público ejercido años más tarde, enseguida supiera ver las motivaciones individuales. Quiénes se movían por ambición personal y agenda propia; a quiénes les movía la ingenuidad y la ilusión desde un desconocimiento que, a esos niveles, rayaba la negligencia, y quiénes tenían una voluntad clara de aprovecharse del momento. Todos ellos lo incomodaban, justo por lo contrario a lo vivido en ALSOL; la falta de una planificación detallada y coherente con un objetivo ambicioso pero viable.

No dejes cabos sueltos

19 de octubre de 2011. Lieja. La siguiente sesión se dedicó íntegramente a planificar IMPULSO. Ya durante las semanas precedentes al evento, en su afán por ir conociendo a la gente y sus capacidades, Karen había recabado información sobre todos y les fue informando acerca de su idea de crear nuevos roles y funciones, además de anunciar que les aguardaba un período de trabajo intenso. Todo iba cogiendo forma.

Ahora lo verían en detalle. IMPULSO estaba estructurado en grupos de trabajo que cubrirían todas las áreas; desde innovación a recursos humanos, desde producción hasta finanzas, el área de ventas, la logística, las unidades de negocio, etc. Entonces se empezó a notar la mano de los consultores quienes, a partir de sus conversaciones con Karen todos aquellos meses, habían preparado un listado preliminar de los asuntos que abordaría cada equipo. Las mesas estaban organizadas temáticamente, quiénes compondrían cada grupo de trabajo y con qué fecha límite, incluyendo los medios a disposición para realizar su cometido. Estaba todo tan detallado, incluso explicando por qué era necesario un cambio en cada una de aquellas áreas, que aterraba ver como todos los papeles e indicaciones llevaban una marca de agua con la palabra «borrador». ¿Borrador? ¿En serio? ¡Si ya venía todo trazado en aquella extensa documentación! La verdad es que quedaba mucho por hacer, pero aquello sirvió de advertencia sobre la complejidad a la que se enfrentaban.

El proyecto no dejaba títere con cabeza. Trataba todos y cada uno de los elementos de aquella organización de miles de personas. Se cuestionaba el contenido, el proceso y la frecuencia del *reporting*. Se planteaba la creación de nuevas entidades legales que dieran sentido al modo de organizar los negocios, al mismo tiempo que se animaba a reducir docenas de ellas, de entre las más de 450 filiales del grupo. Se perseguía la simplificación y mayor agilidad. Se definió la política de comunicación interna relativa al proyecto, calendario, etapas y medición de progreso, etc. Se habló de redefinir la página web corporativa, de los colores del etiquetado y de dar nuevos nombres a los cargos. Se ajustaron los manuales de calidad, la política de viajes e incluso un nuevo logotipo para la empresa. Por supuesto, también se trataron aspectos financieros y estratégicos en todas y cada una de las líneas de negocio, así como las actividades de I+D y de producción. Se discutió si cada planta de fabricación debería ser asignada a una única línea de negocio, asociada a su vez a una única entidad legal, o podrían aceptarse las denominadas «multiunit site», con la complejidad que eso supondría para un *reporting* que se deseaba más sencillo, se replantearon los textos de Misión y Valores de la empresa, y mucho más. Las conversaciones más peliagudas aparecieron cuando se trató de las personas, el modelo organizativo y la selección de talento para las posiciones clave. El borrador indicaba que IMPULSO iba a tener un impacto directo en, al menos, un tercio de los mandos. Parte del trabajo consistiría en identificar o confirmar a los candidatos tanto para las posiciones ya existentes como las de nueva creación, así como tener la valentía de eliminar muchas de ellas, con el correspondiente impacto para propios y extraños. Todo el personal identificado como talento de futuro debería tener un plan de carrera conocido y cada posición clave debería estar cubierta por un plan de sucesión.

Al llegar a este punto, Mario y sus colegas vieron con claridad el mundo al que se enfrentaban. Marcarse unos retos ambiciosos era una cosa. Transformar un gigante removiendo sus cimientos era otra. No se partía de cero, no era una *startup* a la que se puede ir dando forma, los fundadores del grupo habían sido unos visionarios creando unos negocios que no sólo funcionaban bien, sino que eran un referente mundial. Sin embargo, estaba claro que Karen perseguía un punto y aparte. Los consultores, sus asesores internos y externos, su propia experiencia y la presión de los inversores habían convencido a Karen que los negocios estaban rindiendo por debajo de su potencial. No había otra opción que cambiar la organización y su forma de operar, por completo. A la vista del detalle del proyecto, los participantes se dieron cuenta que el motivo de aquel retiro idílico era una transformación profunda mucho mayor de lo que podían haber anticipado. Muchas áreas corporativas, como recursos humanos, finanzas o el departamento de compras tendrían que fusionarse, integrarse, remodelar sus procesos, armonizarlos o desarrollarlos de nuevo. Todo lo cual implicaba un nuevo modelo organizativo que albergara las numerosas áreas industriales de un modo más ágil. Las actividades de I+D se integrarían bajo un único liderazgo, fueran de la línea de negocio que fueran. Incluso el proceso de creación de nuevos productos y tecnologías sería objeto de revisión. Para asegurar que nadie se perdía en la magnitud de aquel cambio, se exigió que cada grupo determinara las fases de sus entregables, con indicadores de rendimiento y cumplimiento de objetivos. Tras esa sesión, todos entendieron que la idea de Karen sobre cómo hacer negocios y sobre cómo liderarlos era muy distinta a lo que habían vivido hasta entonces.

El compromiso no acepta medias tintas

Con tantos temas en revisión, la crispación fue aumentando. Al fin y al cabo, se estaba pidiendo a los asistentes que redefinieran el pasado. ¡Su pasado! Cuanto menos, que lo justificaran. Era fácil interpretar que su obra como directivos estaba, en buena parte, siendo cuestionada. Por supuesto, muchos se sintieron criticados. Algunos, considerándose legitimados por su profundo conocimiento del grupo y de la industria, se atrevieron a desafiar la idea de organización única, especialmente mientras no se aclarase quién estaba al mando y cuál sería su equipo de confianza en lo que se iba a denominar «Leadership Team». Las objeciones eran de diversa índole.

—Nuestros clientes se opondrán a estos cambios —dijo uno.

—No comprendes nuestro negocio. Esto matará el crecimiento futuro —se atrevió otro.

—Nuestra gente no aceptará esta transformación. —Algunas voces reflejaban su preocupación preguntándose por qué debían apostar por una ruptura tan radical de algo que ya funcionaba tal como estaba. Estos argumentaban algo parecido a: «Ok, no podemos continuar igual que en el pasado, pero, aun dando por válida la suposición de que la organización no rinde a su máximo potencial, hay que evitar romper un motor que está en pleno funcionamiento» o «De acuerdo, cambiemos, pero hagámoslo con cierta cautela». De un modo u otro, se podía percibir la resistencia al cambio.

Karen había fundamentado su postura con todos los argumentos posibles, con firmeza y convicción. Sin embargo, fue adoptando una postura más callada a medida que se calentaba el ambiente. Se la tenía por una persona decidida y tenaz, que raramente se permitía sacar a la luz su lado más emocional. De repente, su voz tomó aquel timbre colérico que a nadie le gusta escuchar de su propio jefe. Refiriéndose a los análisis y conclusiones previas, reiteró la necesidad de una transformación completa con el fin de lograr el objetivo establecido. Karen no se mordió la lengua. Dejó claro a todos que no estaba para nada dispuesta a cambiar una sola coma de lo que consideraba fundamental en su plan. Cualquier voz discrepante estaba invitada a abandonar IMPULSO. Se hizo un silencio profundo.

Casi ninguno de los presentes estaba familiarizado con una confrontación tan directa. La cultura de empresa era de aquellas en que prácticamente todo podía cuestionarse. Frente a opiniones discrepantes, se había desarrollado el hábito de convencer a los demás a través de la argumentación y la búsqueda del consenso. Cuando, aun así, no se alcanzaba una postura aceptable para todos, la decisión se posponía de común acuerdo o se establecía algún tipo de compromiso. Todo muy belga. De hecho, era una forma de trabajar donde las cuestiones interpersonales propiciaban un clima amable. A menudo, los compañeros de trabajo eran amigos, incluso fuera del trabajo. Es más, había una regla no escrita de que el consenso ofrecía una ventaja competitiva al grupo. Efectivamente, la toma de decisiones podía ser más larga, pero llegado el momento de actuar, las decisiones consensuadas favorecían que todo el mundo remara en la misma dirección. En contraposición a situaciones binarias, tan de moda actualmente, en que todo es ganar o perder, la cultura de ALSOL permitía muchos más matices y no se decidía nada en interno en el que una parte saliera claramente perdedora. Por un lado, pocas veces la negociación era sólo a dos bandas, sino que los elementos en juego y las opiniones relevantes para una decisión podían ser múltiples y diversas. Tan real como la vida misma. Eso enriquecía a la organización. Por otro lado, una media victoria para cada una de las partes ya suponía avanzar en el proceso de mejora continua. Era un esfuerzo que merecía la pena asumir en tanto que, una vez dada la luz verde, la implementación era mucho más acelerada.

Sin embargo, Karen había marcado un punto de inflexión. Ahora sí habría ganadores y perdedores. El silencio se hizo tenso. El par de meses de Karen en la empresa parecían oponerse a los siglos de experiencia acumulados por todos aquellos presentes en la Abadía de la Hiedra. En ese momento, Mario vio claro que, de algún modo, cada uno de ellos tendría que tomar partido a favor o en contra de IMPULSO. Era en ese momento y para siempre.

—Rick, ahora comprendes que hace pocos meses me encontré en una tesitura similar —anotó Mario mientras iba desarrollando todos aquellos momentos de ALSOL—. Me contrataron para ejecutar un mandato vinculado a la promoción de políticas públicas que fomentaran la competitividad empresarial, los colores políticos no fueron nunca mi prioridad, sino poner mi experiencia al servicio del bien colectivo y de la mejora del bienestar de mis conciudadanos. La competitividad de las empresas, la innovación y la internacionalización de los negocios no atienden a criterios de reivindicación identitaria y mucho menos a la incertidumbre e imposibilidad material, económica y jurídica de llevar a cabo lo que, pregonado desde el desconocimiento de lo que significa dirigir una empresa, pagar una nómina o negociar con las fuerzas geopolíticas imperantes, se estaba vendiendo como plausible —el tono de Mario fue cogiendo intensidad.

—Lo sé, Mario. Acuérdate que llevamos meses en esto y me has tenido a tu lado en varios programas estratégicos, pero no es menos cierto que algún tipo de acción hacía falta —hizo hincapié Rick.

—Respeto la opinión de todos —replicó Mario—, incluso puedo entender buena parte de los planteamientos actuales, pero en mi lugar de trabajo nunca ignoré que mi sueldo lo pagaban los ciudadanos con sus impuestos; todos ellos, cualquiera que fuera su ideología o color político. Eso me puso las cosas entre difíciles y muy difíciles. No sólo a mí, reconozco que muchos servidores públicos lo pasaron mal por tener que bailar al son de esa música aunque no les gustara, pero yo necesité ser honesto con mis valores y me pude permitir renunciar al cargo. —Mario cerró así aquella reflexión en el vuelo de vuelta de Washington.

A diferencia de la administración pública, en una empresa rige la voluntad privada y en ALSOL había quedado claro. Nadie podría permitirse no comprometerse a fondo. Si algo había quedado claro es que, una vez en marcha, Karen no aceptaría oposición alguna. La gente tendría que implicarse en cuerpo y alma o nada en absoluto. No había margen para las medias tintas. Este hecho era tan simple pero tan punzante que en medio de aquel silencio se podía oír el latido acelerado de todos aquellos directivos.

Dudar no era una opción. Un IMPULSO exitoso exigía la totalidad del equipo completamente alineado. Sin fisuras.

Más tarde, durante la comida, informal por aquello de crear una atmósfera relajada para la conversación libre, Mario confirmó que Karen estaba empezando a dejar su impronta. Les invadía la sensación de estar en un puerto con un pie en el embarcadero y otro que apostaba tímidamente en la cubierta de un barco que ya se había soltado del amarre. El capitán había dado la orden de salida, mientras la tripulación sopesaba el modo más prudente de actuar. Ese día la gente se acostó preocupada. La mayoría, entre ellos Mario, durmieron poco.

El estilo y el ritmo lo marcas tú; aporta o aparta(lo)

Los trabajos continuaron a la mañana siguiente. A pesar de todo el sueño acumulado, se dedicaron a repasar todas las funciones, identificar la razón que motivaba cada uno de los cambios propuestos en el borrador, examinar su impacto en la organización, anticipar las posibles consecuencias para cada uno de los afectados, así como sus alternativas, etc. Siguiendo los principios sobre los que se debía fundamentar el nuevo estilo del grupo, todos y cada uno de los participantes fueron invitados a dar su opinión y, para los que todavía no lo tenían claro, Karen se encargaba de recordar que esta regla debía ser respetada por todos. El proyecto bajaba a un nivel de detalle que tenía a todos asombrados. Nada parecía trivial. Se trataron aspectos tan diversos como estandarizar todos los documentos del grupo, una nueva señalización para todas las fábricas y las oficinas, encuestas para medir el progreso de la transformación, la armonización de todas las descripciones de los puestos de trabajo, las competencias para cada perfil profesional, hasta un sinfín de otros asuntos. En cuanto al ritmo de trabajo, la mayoría de las intervenciones eran breves, constructivas, propositivas, dirigidas a la obtención de soluciones y de las que se derivara una propuesta de acciones con las cuales, en general, todos se sintieran cómodos. El dinamismo era extraordinario. Pocas veces antes se habían sentido tan eficaces. Sin embargo, se acercaba el final de la semana y todavía no se había tratado la reconfiguración del área financiera. Aquí, la mayoría de los responsables financieros, alentados por la capacidad de gestión demostrada en el pasado y el modo en que habían estabilizado el grupo a través de las distintas crisis, empezaron defendiendo su enfoque particular sobre los mercados, los productos, las geografías o un mix de todo ello. Justificaron las necesidades de cada una de sus estructuras, documentos y procesos, como resultado de una larga evolución de años. Destacaron lo bien que habían funcionado en el pasado y pusieron sobre la mesa los grandes cambios afrontados en solitario, todos ellos transformadores, y las ventajas competitivas que habían supuesto para el grupo en su conjunto. Así, por ejemplo, se citó el proyecto FIT, por el que se evaluaron todas las funciones y tareas, a fin de optimizar los procesos de trabajo y dimensionarse en la justa medida para el desempeño de las tareas ordinarias y creando un centro de servicios compartido, cuyo ámbito de acción alcanzaba todo el perímetro del grupo, etc. Tras poner en valor que el área financiera llevaba años siendo el catalizador de la transformación, advirtieron que un cambio brusco podría dar lugar a rechazos y ser contraproducente, particularmente por la propia gente del negocio. Esta actitud no sorprendió a nadie, pero sirvió para hacer cambiar de opinión a aquellos que consideraban la dirección financiera como un mero centro de coste.

Por otro lado, estaba la línea comercial; tras tantas décadas en el sector, habían consolidado una relación de confianza con los clientes. Además, trabajaban en plena simbiosis con los directores de producción, quienes eran parte esencial de la empresa, particularmente para las líneas de negocio comodotizadas, puesto que el beneficio en este tipo de negocios depende en gran medida de unas operaciones industriales eficientes. Fue durante esta conversación cuando el presidente de los productos fluorados, bastante crítico en las sesiones previas, aprovechó para oponerse de modo elocuente a cualquier necesidad de convertir la empresa en una organización uniforme.

Para entonces, Karen ya tenía el apoyo de los directivos más perspicaces, quienes vieron la importancia de alinearse con la nueva visión desde el primer momento; así que, sabiendo que iba incorporando valedores a su idea, aceptó que se dijera que IMPULSO estaba por definir, pero siguió abogando por un enfoque innovador y homogéneo.

Aun así, aquel colega refractario al frente de la unidad de negocio del flúor no cambió de postura y su insistencia no hizo más que avivar la idea de que sería imposible alcanzar un acuerdo respecto al área comercial que fuera compartido por todos. En medio de tanto aspaviento, unos cuantos de los que estábamos en la sala nos dimos cuenta de que

Karen enviaba un mensaje de texto desde su móvil. En pocos segundos, un bip sonó en el teléfono de aquel compañero, aferrado con vehemencia a sus ideas de siempre. Karen retomó su postura tranquilamente allí donde la había dejado y abordó las múltiples necesidades del proyecto. Esta vez nadie planteó objeción alguna. Quienes estaban sentados cerca de aquel bip pudieron entender que se trataba de algo parecido a una invitación de reunión.

Era una forma decididamente inusual de lidiar con los conflictos. La cultura del grupo incluía respetar la posición de los demás y tomar acuerdos por consenso. El modo en que Karen zanjó aquella discusión generó mucha inquietud a la mayor parte de los allí presentes, quienes se empezaron a preguntar cómo sería trabajar para ella.

—La transformación a la que nos enfrentamos es de proporciones descomunales. Debemos hacer cambios transcendentales y no podemos permitir que quien no lo entienda se interponga en el camino —expresó un primer simpatizante.

—No podemos seguir así para siempre. Si nos creemos capaces de lograr el objetivo, entonces tenemos que estar todos alineados o no podremos avanzar —añadió otro—. De hecho, persistir obstinadamente en una posición personal sería una falta de respeto al trabajo en equipo.

Con esto se pasó al siguiente tema de la agenda, en el que ya participaron los consultores. Como en tantos otros casos de transformación, los consultores habían sido contratados para recopilar datos, analizar hechos, aportar una perspectiva externa, proponer unas primeras conclusiones y ofrecer preguntas abiertas sobre las que reflexionar. Llevaban semanas entrevistando a numerosas personas, internas y externas a ALSOL, buscando información y datos objetivos que les permitieran comprender mejor la situación de la empresa, los puntos débiles y las áreas de mejora.

Aquella carpeta de varios cientos de páginas, distribuida el primer día, era el primer resultado visible de su trabajo. En cuanto a sus carreras, en contraste con su talante humilde, todos tenían experiencia en empresa industrial antes de pasarse a la consultoría y una trayectoria profesional tan admirable como para hablar con absoluta autoridad ante aquella confluencia de egos.

Como su propio nombre indicaba, «Facilitators Nexus», actuarían de facilitadores. Constituían una comunidad de economistas, psicólogos, antropólogos, sociólogos, académicos, artistas, exmilitares, etc., expertos en acompañar a grandes organizaciones en su transformación disruptiva y adelantada a las tendencias emergentes, de tal modo que la calidad de sus interacciones, comportamientos y mentalidad se convirtieran en una ventaja competitiva.

Trabajaban en red, sentando ejemplo de aquello que aconsejaban a sus clientes, y huían de jerarquías y formalidades administrativas sobrantes. Cuando tomó la palabra el socio fundador, Noah Martijn, ilustró a todos con información sobre las últimas investigaciones y mejores prácticas en gestión del cambio. Aquí, los elementos clave eran bastante sencillos. Todos los presentes tenían formación en habilidades directivas y o trayectoria liderando equipos y proyectos de una dimensión significativa pero aquel tipo, con toda la autoridad de su bagaje —en su pasado, además de trabajar por todo el mundo para ejecutivos de las principales multinacionales, aquellas de las que todos tenemos un producto u otro en casa, y de vivir con un pie en Brasil y otro en Suiza, desde donde se desplazaba para servir a sus clientes por toda Europa, lo cual, dicho sea de paso, le daba una visión tremendamente rica y diversa, había sido *coach* de personajes como Freddie Mercury o Elton John—, supo poner el sentido común necesario y, distribuyendo los conceptos en un número asombroso de diapositivas, compartió los tres mensajes clave: comunicación frecuente y abierta, implementación rápida y coherente de los cambios y abordar sin demora todo aquello que afectara a las personas.

Noah, con su apariencia de asceta virtuoso, dio un sentido más profundo a la conversación al tratar la dimensión humana de las organizaciones. Al describir cómo reacciona la gente ante un cambio importante, Noah enumeró cuatro categorías: víctimas, espectadores, críticos y, finalmente, navegantes, el último de los cuales generalmente aceptará, apoyará e impulsará los cambios. Su experiencia le permitía afirmar, sin vacilaciones, que el foco debe dirigirse a los navegantes, seguidos, en menor medida, por los críticos. Junto con las víctimas, estas últimas pueden resultar bastante perjudiciales para cualquier transformación. Si bien siempre habrá personas así, es importante minimizar su número para limitar la influencia que puedan ejercer sobre el resto de la organización. A partir de ahí, el debate evolucionó hacia cómo identificar a los navegantes y luego distribuirlos para que las personas con actitudes negativas cambien de postura y aumenten el número de personas que apoyan proactivamente o, al menos, aceptan los cambios. El primero de los objetivos era desvelar al mayor número posible de esas personas, cuanto antes mejor. Posteriormente se hicieron planes para identificar y llegar a los críticos con el fin de ganárselos. Era evidente que esto afectaba a toda la organización y, en particular, a todos los presentes a la reunión, especialmente en vista de aquel debate anterior. Dado el enorme desafío al que se enfrentaban, cualquier postura que no fuera la de un navegante valeroso era simplemente inaceptable, por lo que tanto el crítico negativo como el espectador eran igualmente rechazables. Habían sido elegidos personalmente para formar parte del IMPULSO, se esperaba que todos se entregaran por completo. Es más, o permanecían alineados o serían condenados por mantener discusiones improductivas en bucle cuyo resultado, frente a los demás colegas, sacrificaría la credibilidad de todo el equipo. En este punto, apenas hubo necesidad de enfatizar ningún concepto. Las consecuencias eran claras y obvias para todos.

El mensaje de Karen fue simple. Quería hacer aquel largo viaje con la mayor cantidad de personas posible, pero no dudaría en dejar fuera a quien no estuviera a la altura de las circunstancias. Aquel sería su equipo, los de la reunión, los de la Hiedra, los que tenían que actuar como navegantes intrépidos y decididos. Sin excepciones.

Más tarde, después de la cena y de beber algo con los compañeros, Mario seguía despierto en la cama. Una vez más, sus pensamientos revoloteaban por toda la estancia, privándole del descanso necesario. ¿Cómo sería trabajar para Karen? ¿Qué tipo de malabarismos tendría que hacer para responder a sus compromisos diarios, trabajar en el proyecto IMPULSO y al mismo tiempo cuidar su desarrollo personal para continuar prosperando? ¿Sería capaz de dedicar algo de tiempo a su joven familia? ¿A qué se parecería esa nueva organización que habían empezado a dibujar y cómo podrían alcanzarse objetivos tan ambiciosos? Esa noche el mundo entero le parecía más oscuro. Karen había dejado su huella, sin duda. Había escuchado atentamente los argumentos de todos, incluso cambiando de opinión varias veces, pero al final siempre tomaba sus propias decisiones, ya fuera en concierto con otros, en contra de algunos o enfrentada a la corriente principal. Karen dirigía el espectáculo. Fue ella quien los convocó a todos, quien los condujo hacía donde ella esperaba, la que marcó el ritmo y la dirección, exponiendo lo que había que hacer y asegurándose de que se alcanzaban las conclusiones que ella consideraba adecuadas. En su mayor parte eran las propias conclusiones de Karen, aunque no siempre, pero estaba muy claro para todos quién estaba al mando, de modo indiscutible. Habría que ver más adelante si también sería una líder incontestable.

Además, había establecido el tono de cómo quería que trabajaran juntos; de forma cercana y concentrada, preocupándose por los detalles, aunque tomando decisiones rápidas.

La última mañana transcurrió con normalidad. El último punto de la agenda fue un resumen de las acciones clave a realizar durante las siguientes semanas, incluidos los numerosos contactos e interacciones con Noah y su equipo de facilitadores. Karen cerró oficialmente la reunión insistiendo, una vez más, en las razones por las que el proyecto IMPULSO era necesario, qué iban a hacer y cómo lo conseguirían. Terminó animando a todos a disfrutar del fin de semana con sus familias y recordando que en los meses venideros habría *rock and roll.*

A medida que se alejaba de aquella abadía, conduciendo de vuelta a Bruselas por unas carreteras llenas de verde rocío, Mario tuvo la clara impresión de adentrarse en un mundo diferente, una vida diferente, precisamente cuando ya estaba prácticamente acostumbrado a aquel destino a medio construir lejos de su país. Cambiar no era algo nuevo. Llevaba casi quince años camaleónicos, con una reinvención tras otra, pero ahora, de nuevo, toda su vida profesional estaba a punto de mudar. De eso estaba seguro, aunque todavía no sabía ni cómo ni con qué alcance.

TÚ COMO LÍDER CONSCIENTE

Liderar significa, sobre todo, influir en los demás. Lidera mejor quien lo hace desde el autoconocimiento. El contexto de cualquier organización incluye, cada vez más, presión constante: volúmenes de información enormes, a menudo menos recursos de los necesarios, cambios rápidos, exigencias crecientes.

Ninguna empresa está exenta del impacto causado por los cambios constantes y acelerados que vive la sociedad. Dependiendo de quién, y de cómo se tomen las riendas de la organización, tu gente responderá con éxito o no en las fases de incertidumbre, sean de transformación, crecimiento o cambio.

Dirigir una empresa, organización o proyecto requiere unas capacidades, habilidades, energía y tiempo que no todo el mundo tiene, pero como líder consciente, además, deberás atender las necesidades de tu equipo, ser alguien que escucha, cuida y mira por su bienestar. Todos estos aspectos tendrán una incidencia directa en su productividad.

Hablo de habilidades internas que debes aprender a usar. Como líder consciente, piensa en desarrollar la capacidad de poner toda tu atención en lo que haces en cada momento, de conectar contigo y con los demás, de analizar las opciones con claridad y sin prejuicios, cuestionar creencias y modelos, observar la posibilidad de tomar decisiones diferentes de las inicialmente consideradas. Estas habilidades potencian tu acción como líder.

Tu comportamiento determinará en qué medida lideras desde la consciencia, alineando los objetivos de tus colaboradores con los de la organización. Como ya dijo Robin Sharma, «el liderazgo no está asociado al título, sino al comportamiento».

Para ser líder, no hace falta ser socio, propietario o alto ejecutivo de una gran empresa. Desde la privilegiada perspectiva de haber pasado por los tres roles mencionados y de haber visto a muchos compañeros y compañeras en esos mismos cargos, he aprendido que casi todas las personas pueden ser líderes en su propio espacio, en su entorno profesional, y sacar lo mejor de quienes les rodean, generando una atmósfera positiva, de colaboración y superación. Eso sí, requiere conocerse y desarrollar ciertos mimbres.

Lo que hace un líder consciente:

1. Reflexiona. Liderar es hacer que tu presencia haga mejores a los demás y conseguir que esa mejora perdure en tu ausencia. Conócete. ¿Cómo vas a ayudar a tu equipo a crecer y a desarrollarse si no te conoces, si no sabes quién eres? El autoconocimiento te ayuda a identificar tus creencias, valores y emociones, que son tres elementos fundamentales de tu identidad.

2. Contextualiza. Implica a todas las personas relevantes, pregunta por su forma de ver las cosas, pide opinión, involúcralas, cuestiona tus propias convicciones. Concluye con una idea clara del objetivo.

3. Antes de decidir, comprende. Escucha a todos e impulsa el trabajo colectivo, pero intenta comprender antes de decidir. Fija expectativas y toma todo el tiempo necesario para explicarlas, en su contendido y su porqué. Nunca hagas promesas con el único fin de asegurar tu posición o para quedar bien.

4. Impulsa. Presenta una visión clara de lo que quieres y luego, lánzate. Escuchar no es otorgar, pero si tu equipo hace buenas propuestas, ve directo a su implementación.

5. Crea un sentido de urgencia. Ayuda a los demás a ver la necesidad del cambio a través de una oportunidad audaz o de un nuevo paradigma lo suficientemente ambicioso que transmita la necesidad de actuar. No endulces el mensaje, porque será visto como un esfuerzo por ocultar algo. Ganarás credibilidad y confianza si utilizas un lenguaje sencillo, directo y completamente sincero.

6. Fija un objetivo ambicioso. Si no apuntas alto, ¿por qué razón tu equipo debería esforzarse en cambiar su comportamiento? Aprovecha cada ocasión para recordar los objetivos. Insiste de tal modo que estén vivos en la memoria colectiva.

7. Ten una ambición viable. Transmite confianza y no generes dudas sobre el proceso que debe conducir al logro de los objetivos establecidos. No lo confíes todo a la pasión, tu equipo es inteligente y querrá también razones. Este aspecto es vital para mantener la motivación de tus colaboradores en niveles óptimos.

8. No dejes cabos sueltos. Cuida todos los detalles. Tu equipo debe estar tan empoderado como sea necesario para lograr el objetivo, pero no le traslades la responsabilidad de interpretar qué es lo que quieres. Una señal segura de que no lo estás haciendo bien: después de la reunión, el equipo sale confundido y sabe que este nuevo proyecto será un desconcierto.

9. Comprométete. El compromiso a medias no existe. Trabaja la escucha. Dirigir es importante, pero no sin escuchar a cada una de las personas que conforman tu equipo. Reconoce que tu éxito depende del éxito colectivo. Selecciona a tu equipo de forma meticulosa porque sus capacidades y compromiso determinan tus logros. Acepta los retos y la crítica constructiva, pero no te dejes bloquear por los reticentes. No te permitas agendas ocultas, estas revelan incongruencia entre lo que se dice y lo que se hace y terminan por boicotear el éxito colectivo.

10. Aporta o aparta. Promueve la colaboración. La cooperación eficaz es fundamental si quieres unir esfuerzos en una misma dirección. Ofrece *feedback* honesto. No evites emitirlo con el pretexto de no querer herir los sentimientos del otro. Quienes te rodean deben estar dispuestos a acompañarte, o nada en absoluto. Tú marcas el ritmo y el estilo. Si aspiras a un cambio disruptivo, crea las condiciones para provocar una gran convulsión, por ejemplo, organizando eventos muy visibles.

Segundo eje:

Relaciones

Conecta

Durante las semanas siguientes, IMPULSO avanzó a toda máquina. Para su seguimiento y coordinación, el responsable de cada grupo de trabajo debía enviar una actualización semanal tanto a los miembros de su equipo como a los consultores de Facilitators Nexus. El rezagado quedaría en evidencia. Como todos debían leer la actualización enviada por cada grupo, a los efectos de contrastarla con sus propias acciones, se generó un proceso natural de alineación y mejora continua entre los distintos grupos de trabajo.

También se pautaron llamadas semanales, momento en que todo el equipo se reunía telefónicamente o por videoconferencia. El día y la hora se acordaron de antemano para adaptarse a las zonas horarias de tres continentes y para que el trabajo diario se interrumpiera lo menos posible. La mayoría no estaban acostumbrados a intercambios tan frecuentes con sus compañeros y jefes. De hecho, lo habitual era reunirse una vez al mes, principalmente en persona, a nivel de las respectivas divisiones de negocio para discutir elementos críticos sobre la producción industrial, la evolución de las ventas o las próximas inversiones. Hasta entonces, eso había sido más que suficiente para mantener el pulso de lo que sucedía en sus respectivas áreas de responsabilidad y alinearse en los asuntos más transversales como finanzas, recursos humanos o comunicación. Por supuesto, hablaban o se intercambiaban correos electrónicos siempre que fuera necesario. Discutían temas diversos como aprovisionamiento, materias primas, proyectos de investigación, interacción con algún cliente que requería la participación del director financiero, un proveedor compartido entre diferentes líneas de negocio que era normalmente gestionado de forma centralizada desde el departamento de compras, etc. Una llamada semanal sobre IMPULSO y compartir información con todo el equipo incomodaba a los más veteranos, principalmente porque pensaban que habría pocas noticias dignas de ser compartidas y que era mejor centrarse en el día a día. La realidad sorprendió a todos desde las primeras llamadas. Estaban tan ocupados integrando los distintos negocios y había tantas particularidades en cada uno de los legados que el número de asuntos relevantes fue aumentando significativamente.

Todos tuvieron que aprender cosas nuevas y esto ayudó a la integración de las distintas culturas presentes en la empresa. En esos momentos, había dos grandes bloques derivados de una reciente integración. Cuando ALSOL compraba un negocio, no dudaba en aprovechar las máximas sinergias posibles, ampliar la cartera de productos, adquirir conocimiento y talento, ganar presencia en nuevos mercados y, asegurado lo anterior, la duplicidad de cargos se resolvía prescindiendo de aquellos directivos procedentes de la entidad comprada. Así fue con aquella farmacéutica, Laboratoires Lafontaine, con sede en Lyon por la que se pagaron 700 millones de euros. También cuando por 2.900 millones de euros se adquirió Corpelix Derivatives Ltd., una corporación americana de materiales avanzados. Hasta el punto de que incluso trasladaron su sede de Atlanta a Milán, mucho más cercana al centro de decisiones corporativas en Bruselas. Tampoco se dudó ni un solo momento ante la oportunidad de absorber el principal grupo asiático de polímeros especiales por 2.100 millones de euros, y así un largo etcétera.

Una vez tras otra, siempre serían los directivos de ALSOL quienes se encargarían de dirigir los negocios adquiridos, sin excepción. Siempre hasta que ALSOL compró ERODING, una corporación de origen francés que operaba en el mismo sector químico, pero se dirigía a distintos segmentos de mercado. Si los productos de ALSOL estaban entre los tres más vendidos en su categoría a nivel internacional, los productos de ERODING ofrecían la oportunidad de ampliar mercados y cartera de productos, pues su estrategia no sólo era también posicionar sus productos dentro de los tres más vendidos a nivel mundial, sino que su presencia geográfica era perfectamente complementaria con la de ALSOL. Mientras que ALSOL era fuerte, principalmente, en el centro y norte de Europa, arco mediterráneo, Norteamérica y Argentina, ERODING dominaba el mercado francés, Brasil y Asia. África, todavía la gran olvidada por la economía global, era el único mercado algo huérfano, más allá de una presencia testimonial en el norte del Sahara.

Con la compra de ERODING, por casi 4.300 millones de euros, las cosas cambiaron. ALSOL incorporaba 13.000 empleados y 6.200 millones de facturación, para construir un grupo de prácticamente 31.000 trabajadores y un volumen de ventas de 14.000 millones de euros. No se trataba de una adquisición al uso. Efectivamente, ALSOL era la parte compradora pero ERODING tenía un peso lo suficientemente similar como para que ALSOL no pudiera desembarcar en plan conquistador. De algún modo, aquella pérdida progresiva de competitividad de ALSOL fue utilizada por la dirección de ERODING para hacer valer sus credenciales ante los accionistas de ALSOL, principalmente ante aquellos disgustados con la gestión del pasado. En pocos meses, en lugar de estar integrando los negocios por absorción, se enfrentaban a una fusión entre iguales, con redundancias en ambos grupos. Por primera vez en 150 años, ALSOL, también llamados "los azules" por el color de su logo, empezaba a prescindir de directivos que habían dedicado su vida a la compañía y que iban a ser sustituidos por algún verde, color del símbolo de ERODING.

IMPULSO venía, en parte, para alumbrar una hoja de ruta cohesionadora entre azules y verdes. Aquellas llamadas semanales, compartiendo los trabajos de grupo, tejieron relaciones entre unos y otros facilitando que se rompieran barreras limitantes y la adquisición de confianza mutua, de modo que, en unos meses, todos fueran, digamos, turquesa y que nadie hablara más de azules y verdes.

Mario vivió aquel proceso con cierta inquietud, como todos en ALSOL. No sólo eran los compradores, sino que tenían la actitud y la costumbre de ser la parte fuerte de las transacciones corporativas, la parte ganadora de aquella conquista, y, cuando mejor se las prometían, se encontraron ante una evaluación persona a persona, cargo a cargo, sobre quién continuaría y quién no. Por supuesto fue todo muy sutil, pero los hechos delataban una realidad incuestionable. Mario, azul, tenía suficientes credenciales y carrera por delante como para aportar valor en turquesa, pero no respiró tranquilo hasta aquel verano del 2012, cuando recibió una carta de Presidencia ofreciendo un generoso incentivo de retención. ¡Podía dejar los fantasmas, en forma de preocupaciones, atrás por un tiempo al menos!

En todo caso, IMPULSO generaba una sucesión constante de noticias importantes que exigía a todos estar permanentemente en contacto, dada la necesidad de tomar decisiones con agilidad. De lo contrario, no se habría podido avanzar según el plan previsto y el proyecto se habría ido al garete, así de simple. Verdes y azules, todos construyendo un proyecto en común. Además, como Karen quería que todos supieran lo que estaba pasando y participaran en todas las decisiones significativas, aquel ritmo era el único posible. En tan sólo unas pocas llamadas se generó una dinámica por la que todos deseaban tener la oportunidad de hablar y escuchar a los colegas. Pasaban tantas cosas que perderse una sola sesión podía dejarte a contrapié. A fin de asegurar que todos tuvieran la misma información sobre los asuntos tratados y las decisiones de aquellas llamadas, se circulaban las notas resumen antes de transcurrir 12 horas de la sesión, incluyendo las actualizaciones compartidas por correo electrónico por aquellos que, justificadamente, no habían podido asistir. Fue un proceso que mantuvo a todos informados a lo largo del proyecto, los participantes estaban siempre al corriente de lo principal, así como de las inquietudes de los compañeros. La información ayudó a comprender las necesidades de unos y otros, lo cual trajo como consecuencia que todos empezaran a sentirse más unidos, mucho más de lo que habían estado tras años de trabajo en proyectos anteriores.

Centrarse en las personas

Siguiendo el plan original, los grupos de trabajo mantenían reuniones presenciales de una jornada y media cada dos semanas, donde compartían los avances del proyecto y trataban temas críticos como la estructura organizativa, puestos clave, planes de transición, valores de la empresa e, incluso, un nuevo logo para la entidad, ni azul ni verde sino color turquesa, ¡cómo no! En cuanto llegó la primera reunión conjunta al final del verano, todos los asuntos habían estado bien preparados; las carpetas ahora ascendían a 400 páginas, las sesiones estaban bien dirigidas, eran productivas y, en términos generales, había una buena alineación respecto al proyecto en sí, su propósito y el camino a seguir.

—Como mandan los cánones —dijo Rick, en tono displicente—. Ya entiendo que toda transformación requiere de un trabajo relacional ingente, como no puede ser de otro modo.

—No lo des por hecho, querido amigo. Entre la teoría y la práctica existen varios mundos.

—Dame otro ejemplo —insistió Rick.

—Mira, sin ir más lejos, la agencia pública en la que trabajé recientemente es fruto de la fusión de dos organismos públicos que vieron la luz a finales de los años ochenta. Una de ellas tenía por misión el impulso de la innovación y la atracción de inversiones. Por otro lado, la segunda fue el centro de referencia cuando las empresas, hasta entonces acostumbradas al mercado local, se empezaron a plantear el reto de su internacionalización con la entrada de España en la Unión Europea. La contribución de ambas a la competitividad empresarial del país ha sido cardinal. De hecho, hoy en día, sin ellas no se comprendería el éxito de la inversión internacional, la transferencia tecnológica, la actual ebullición del ecosistema de *startups*, etc. La complementariedad de ambas era tan natural que hace años, y cuando digo años me refiero a prácticamente una década —acentuó Mario—, se fusionaron bajo un mismo organismo, creando una de las agencias de mayor relevancia pública. El propósito era compartido, la pirámide generacional de su gente similar, así como la formación académica de los empleados, la práctica totalidad con estudios superiores. Sin embargo, ningún político ni gestor público se preocupó de hacer un trabajo de integración organizativa de las personas; se formalizó la fusión desde una perspectiva jurídica, por supuesto se le dio mucho relieve al aspecto comunicativo, ya que la agencia es, sin duda, un instrumento de acción política y, cuando hubo solapamiento de funciones de cargos relevantes, el sistema de partidos ya se encargó de colocarlos convenientemente.

—Es lo natural, siempre ha sido así.

—Según iba diciendo, en ALSOL ya éramos turquesa antes de dar por cerrado el proyecto IMPULSO. En la agencia, una década después, persiste la desconfianza y las rencillas internas según cual sea el origen del que proceden sus empleados. No es infrecuente oír quejas del tipo «¡es que este viene de innovación!», «¡es que aquél sigue haciendo las cosas como cuando estaba en comercio internacional!».

—¿Cuál es tu propuesta? —cuestionó Rick.

—Lo que yo te puedo contar son las muchas iniciativas que emprendimos en ALSOL, porque el papel lo aguanta todo pero sólo las personas consiguen que las cosas funcionen —precisó Mario, que siguió con su narración.

Con IMPULSO, tuvimos que establecer nuevos organigramas para cada una de las divisiones de ALSOL, poner nombres a cada cargo y, tras una revisión exhaustiva de la organización, se confirmó que habría que empezar cambiando a muchas personas. Una de las convicciones más firmes de Karen era tener a las personas en el centro de todo. Para ella, eran lo más importante y su máxima prioridad, poner a la persona adecuada en el trabajo adecuado con el plan de carrera adecuado. Se revisaron docenas de configuraciones organizativas, cubriendo a cientos de personas, incluidos cada uno de los puestos y sus candidatos hasta los cuatro primeros niveles bajo la dirección ejecutiva. Este trabajo se tuvo que hacer varias veces. Normal. Todos los elementos estaban interconectados; capacidades, potencial, habilidades, estructura organizacional, disponibilidad, experiencia, posibles esquemas de transición, planes de desarrollo profesional, etc. Obviamente, hubo discrepancias. Sin embargo, Karen quería mantener el compromiso de todos. Se aseguró de que cada puesto recibiera suficiente tiempo y atención y sólo cerraba las conversaciones cuando se tenía bastante información como para tomar una decisión expedita o cuando, por el contrario, se había llegado a un punto de no retorno. En esos casos, posponíamos la decisión para más tarde. Al final, apenas nos creíamos lo que habíamos logrado en poco tiempo: más del quince por ciento de todas las personas afectadas, esto es, aquellas cuyas funciones quedaban eliminadas, tenían una alternativa en la misma organización. Reflexioné sobre las ramificaciones de esas decisiones; dieron lugar a promociones, también a dolorosas degradaciones o movimientos laterales, a mudanzas dentro del mismo país o incluso a cambiar de continente, con el consecuente impacto en familias enteras. También se incluyeron períodos de transición de alta intensidad durante los cuales los afectados tendrían que realizar más de un trabajo a la vez, nuevas oportunidades con las que muchos nunca habían soñado y mucho más. Sin duda, me sentí algo extraño por el hecho de intervenir, ni que fuera de un modo tangencial, en el cambio de vida de tanta gente. Quizá por eso mismo nadie se tomó esa responsabilidad a la ligera. Se abordaron todos los casos de modo exhaustivo y, en su mayoría, se alcanzaron buenas propuestas. En general, lo que más impresionó fue todo lo que fuimos capaces de lograr trabajando con el foco, la determinación y la disciplina adecuadas. Había sido clave tener claro el propósito de la sesión y gestionar las agendas minuciosamente.

—Pero todo esto no se hace solo, Mario. No busques paralelismos en la capacidad de integrar personas y negocios que tiene una multinacional con lo que puede hacerse en un organismo público, que no debe rendir cuentas de gestión ante nadie. Nuestros representantes políticos cambian cada poco tiempo, el gestor público tiene la difícil misión de adaptarse a los nuevos vientos que soplan, como mucho, cada cuatro años, incluso menos últimamente. Se trata de un trabajo exhaustivo incompatible con las prioridades públicas y sabes bien que Karen no lo pudo hacer sola, para eso te tenía a ti —afirmó Rick en forma de cierre de la conversación.

—Ya, precisamente para eso existen los jefes de gabinete, también llamados sherpas en algunos entornos.—Mario cerraba el tema para continuar con su relato.

Todo líder debería tener su propio sherpa. Déjate ayudar

El fundador de ALSOL fue amante del montañismo y de enfrentarse a grandes cimas, hasta tal punto que ascendió por última vez los 4.478 metros del monte Cervino, en los Alpes, a sus 80 años ya cumplidos, legando a la empresa esa búsqueda permanente de las cotas más altas de progreso y, a la sociedad alpina, el refugio de montaña más elevado de Europa, nombrado en su honor.

Como los cientos de escaladores que intentan llegar a la cima del Everest todos los años, también utilizó su propio sherpa. Sin sherpas, la mayoría de ellos no sería capaz de alcanzar el pico. Los sherpas son, a menudo, la diferencia entre el triunfo y el abismo; los escaladores comprenden que se exponen al riesgo del fracaso si eligen subir solos.

«Ellos son los que guían a los escaladores, colocan las escaleras en la traicionera cascada de hielo de Khumbu, levantan las carpas y las abastecen de comida y combustible, colocan las botellas de oxígeno en lo alto de la montaña y una cuerda desde el campo base hasta la cumbre, a la que los escaladores se enganchan para evitar caerse», escribe Mark Jenkins, un galardonado escritor de aventuras que llegó a la cima del Everest en 2012. Sugiere que sin los sherpas habría muy pocos ascensos al Everest.

Los líderes empresariales están siempre escalando su propia «montaña», pero es posible que no hayan considerado o no sean conscientes del apoyo que tienen a su disposición para llegar a la cumbre con el menor número de problemas. A menudo, el líder de cualquier tipo de organización se siente como si llevara seis o siete sombreros distintos a la vez, yendo de una prioridad a otra sin tiempo para respirar, sin espacio para la reflexión sosegada y de calidad. Su vida es mucho más fácil cuando ceden un par de sombreros a alguien en el que poder confiar verdaderamente, su sherpa, de tal modo que ellos puedan enfocarse en los aspectos esenciales del negocio.

Karen lo tenía claro. De hecho, en aquel entorno multinacional llevaba un tiempo en boga la existencia de un «sherpa» empresarial que ayudara al CEO o a otros miembros del Comité Ejecutivo a navegar montaña arriba. Lo tenían varios competidores y ella también iba a dejarse acompañar en esa transformación profunda, no antes sin justificarlo ante el Consejo de Administración, al tratarse de una función directiva de nueva creación. Estas fueron las razones que esgrimió para que aprobaran la propuesta:

1. Facilitar la asunción de responsabilidades y la toma de decisiones.

Los sherpas a menudo tienen la tarea de hacer el trabajo pesado durante parte o todo el ascenso, lo que permite al escalador concentrarse en poner un pie delante del otro y seguir avanzando.

A veces, como líder de una organización de tales dimensiones, puede parecer que no se progresa según lo deseado, debido a las responsabilidades operativas diarias de administrar la empresa o dirigir un equipo altamente capacitado y lleno de egos. La persona al frente sabe la dirección en la que quiere moverse, pero dar los pasos es algo completamente diferente.

Un sherpa ejecutivo prepara y facilita la toma de muchas decisiones, como si de un relevo se tratara, hasta que llega el momento oportuno para la intervención del primer ejecutivo. El sherpa guía y prepara el camino, manteniendo vivas muchas relaciones cuando la agenda del CEO no da más de sí, para que este avance sin carga adicional.

2. Dejar que otros alcancen el éxito.

El verdadero trabajo del sherpa es facilitar que el escalador alcance la cima. Los sherpas tienen éxito al ayudar a quienes los contratan a alcanzar su máximo potencial. Lo mismo sucede en una organización empresarial. Paradójicamente, cuanto más ayudas a los demás, más éxito individual recibes.

3. Planificar detalladamente.

Si un sherpa sólo mirara hacia la montaña y simplemente dijera «Vamos», sería razón suficiente para que el escalador corriera justo en la dirección opuesta. Los grandes liderazgos exigen trazar cuidadosamente cada paso para garantizar un viaje seguro y, ante la cantidad de asuntos prioritarios encima de la mesa, disponer de un sherpa que planifique los detalles aumenta las probabilidades de éxito.

4. Interpretar el clima.

Los sherpas usan su experiencia para hacer pronósticos sobre el clima y, en función de ellos, guían a los escaladores. Los sherpas se enfrentan habitualmente a condiciones meteorológicas inesperadas, caminos ocultos y un sinfín de obstáculos. Si piensan que las condiciones no son favorables, deben disuadir al alpinista de intentar escalar el pico por razones de seguridad y promover su paciencia, instándolo a esperar la ventana de oportunidad cuando el cielo se vea despejado.

El sherpa del ejecutivo también utiliza sus conocimientos y percepciones sobre la organización, las personas, el clima laboral, las tendencias del sector, las estrategias, la evolución de los negocios, para aconsejar al líder si es un buen momento para pensar en llevar la empresa en una nueva dirección. Una de las cosas más difíciles para cualquier líder es decidir en soledad, en condiciones de incertidumbre y complejidad. El sherpa adopta una visión objetiva, casi externa, pero enriquecida por conocer el interior de la organización por estar más cercano al equipo y sus relaciones, brindando la confianza para seguir adelante o esperar el momento oportuno. En lugar de descarrilar, crean planes de contingencia y se adaptan en tiempo real.

5. Avanzar sorteando las dificultades.

Los escaladores comprenden que habrá momentos del ascenso que pondrán a prueba sus capacidades. Sin embargo, sólo cuando estén en la montaña podrán darse cuenta de cuán cerca del borde deben pisar si quieren llegar a la cima. Un sherpa va indicando que, a pesar de estar tomando riesgos, siguen por el camino adecuado.

En la empresa, es muy similar. Nadie inicia su propio negocio sin ser plenamente consciente que el camino presenta peligros ni tampoco se alcanzan posiciones de primera línea ejecutiva sin haber tomado riesgos significativos en algún momento. Pero, a veces, el magnetismo del éxito, la fascinación por los resultados, la desorientación provocada por algún fiasco o la adulación de quienes rodean a la primera línea ejecutiva, subestiman lo peligrosas que pueden ser algunas decisiones. Puede que sea algo tan complejo como una coinversión para la producción energética a nivel industrial entre la empresa y un gobierno o el cese de actividades en un país en el que se emplean a cientos de personas, como que sea algo tan simple como incumplir un contrato de distribución con un proveedor clave o tener una inspección fiscal de alto coste reputacional. Un sherpa busca ofrecer todas las facilidades a disposición y la complicidad del equipo para salir de las dificultades hacia una ruta más segura y estable.

6. Ascender junto al equipo.

El papel de un sherpa no es liderar desde lejos, sino estar siempre cerca del escalador. Así sucede también con el sherpa ejecutivo, que escala la montaña junto a todo el equipo y genera la confianza en que se obtendrán los resultados esperados.

7. Ser un gran oyente.

Para llegar a la cima, los sherpas están atentos a muchos frentes. Necesitan comprender realmente las aportaciones de todos en el equipo, la tripulación del campo base, así como la presencia de otros excursionistas. También necesitan interpretar los informes meteorológicos que cambian rápidamente, consejos de otros sherpas, así como los últimos avances en su campo.

Un sherpa ejecutivo no puede estar tan ocupado hablando que no escuche a los demás. Una de las principales responsabilidades del primer ejecutivo es escuchar a su gente, pero no puede estar en todos los frentes. La presencia de un sherpa le permite llegar más allá y pensar de modo más transversal y cercano.

8. Garantizar el bienestar.

Un sherpa asegura que el escalador sobrevive a la prueba. En general, sobrevivir a un viaje al Everest se reduce a un problema clave: la atmósfera a gran altura. El mal de altura puede llegar a unos pocos miles de metros y el cuerpo humano debe adaptarse a medida que se alcanzan alturas mayores. Si un sherpa siente que un escalador no se está adaptando y su salud y bienestar empiezan a resentirse, retrasará el ascenso hasta que esa persona se haya recuperado.

El líder de una organización a veces puede sentir como si faltara aire para respirar. Cuando eso sucede —y sucede de verdad—, es útil tener a alguien que procure por su equilibrio, no sólo profesionalmente sino también personalmente, y que esté preparado para decir cosas incluso si están fuera de su misión o pueden afectar al entorno más personal del líder, ayudándole a recuperar algo de claridad y un sentido de perspectiva. Un líder sin equilibrio personal será incapaz de conducir la organización al éxito profesional.

—Mario, un sherpa está ahí durante toda la escalada, no sólo cuando las cosas se ponen peligrosas —dijo Karen—. No te prometo un camino fácil, ya sabes cómo son los egos del equipo, la necesidad de romper los silos y las reticencias con las que vas a enfrentarte. Necesito que me ayudes a mantener el foco y creo que tienes las capacidades, inteligencia emocional y resiliencia necesarias para dejar que llegues a conocerme y conocer lo que quiero obtener de este viaje. Si estás preparado para hacer el camino conmigo, a cada paso, me gustaría que tomaras tu asiento en la mesa de dirección. —Con estas palabras, Karen depositaba su total confianza en Mario.

Ahora compartiría mesa con los mayores, con los grandes nombres, pasando a formar parte del Leadership Team. Aunque su autonomía para la toma de decisiones finales estaría muy limitada, todos los asuntos de alcance global pasarían por su mesa para filtro, priorización y, en su caso, coordinación, en tanto que jefe de gabinete y director de excelencia y transformación. Mario sería su sherpa.

Las semanas y los meses pasaron volando, IMPULSO avanzaba, cada uno parecía gestionar sus respectivos negocios con normalidad y muchos incluso comenzaban a asumir sus nuevos roles. Para cerrar el proyecto, se llevó a cabo la primera reunión ordinaria de la dirección ejecutiva. De aquel equipo fuerte de IMPULSO, dos miembros ya no participaron porque habían cambiado de posición. Entre ellos, aquel colega que había expresado sus dudas sobre la necesidad de hacer grandes cambios en la organización. Si bien había evolucionado a lo largo del proyecto, Karen decidió que el nuevo ALSOL necesitaba directivos con una mentalidad distinta. La nueva dirección estaba compuesta por los miembros que habían reconfigurado la empresa en los últimos meses. Cada uno de ellos tenía experiencia dirigiendo alguna parte del negocio y todos habían tratado con distintas tipologías de equipos; equipos de gestión, equipos de proyecto, equipos de dirección, equipos anidados, equipos multifuncionales, equipos a distancia, etc. Por lo general, se reunían dos veces al mes, por semanas alternas. Una primera reunión, empezando por las semanas impares, tenía una duración larga, de prácticamente todo el día y la segunda, las semanas pares, solía tratarse de una llamada o reunión corta, de no más de una hora, para seguimiento de asuntos abiertos. La temática estaba centrada generalmente en los asuntos comunes, también llamados transversales, como son la seguridad, salud y medioambiente, los resultados financieros del mes anterior y las proyecciones para los meses siguientes, los asuntos estratégicos y regulatorios, así como los temas relacionados con talento y desarrollo de personas.

Karen llevaba todas sus reuniones bien preparadas, pero a las reuniones del Leadership Team, que era como ella había nombrado al Comité de dirección, le prestaba mayor atención, si cabe. Había declarado más de una vez que estaba detrás de un equipo operativo, no sólo con una idea clara sobre la visión y el enfoque estratégico, sino que también se involucraba en todos los aspectos operativos. Ese enfoque estaba muy en línea con lo que habían hecho en los últimos meses; ocuparse de todo.

Se ocupaban de todo y, sin embargo, era admirable su capacidad para priorizar alejándose de la microgestión. Hacían válida esa máxima que reza que estar al frente de una organización, grande o pequeña, supone un reto más humano que de capacidades técnicas. Karen no se sintió nunca atenazada por el hecho de estar al frente de aquella organización enorme, lo cual puede explicarse por uno de los primeros consejos que dio a Mario cuando pasó a ser su colaborador directo.

—Cuando dirijas una organización, recuerda que estás liderando a todos los empleados, pero que no gestionas a cada uno de ellos. Sólo supervisas a tus colaboradores directos, que deben ser de 5 a 7 personas. Céntrate en ellos —dijo Karen con voz tranquilizadora.

Quería que esas reuniones semanales con el equipo cubrieran tanto temas estratégicos como operativos, abarcando los objetivos a corto, medio y largo plazo de ALSOL, incluyendo todas las divisiones y funciones, plantas industriales, compromisos comerciales, comunicación corporativa, etc. Como había sido el caso hasta entonces, el día a día pintaba muy intenso.

En el pasado, Mario había tenido varias ocasiones para comprender cuánto influía el estilo de liderazgo de la persona al frente en la cultura de las empresas para las que había trabajado. La actitud de la dirección se reflejaba invariablemente en toda la organización.

Al igual que todas las que siguieron, la primera reunión del Leadership Team empezó a la hora establecida, con todos sentados y preparados para comenzar puntualmente. Antes de empezar, Karen informó de sus reglas: teléfonos en silencio, nada de miradas al correo electrónico u otros asuntos en los ordenadores portátiles que pudieran distraer, nada de conversaciones paralelas y ningún miembro del Leadership Team podía estar en la reunión sin participar activamente. La relevancia de los contenidos, el cumplimiento de la agenda, la vigilancia de los tiempos, la facilitación de las dinámicas, etc., todo estaría escrupulosamente coordinado y supervisado por un miembro del Leadership Team, al que llamarían *Head of Excellence & Transformation*, además de ejercer las funciones de jefe de gabinete y secretariado corporativo. En gran medida, el éxito o fracaso del nuevo puesto dependía de su capacidad en romper las dinámicas adoptadas por una organización que históricamente había funcionado por silos y que, con los nuevos tiempos, debía pasar a organizarse de un modo transversal y colaborativo. Mario fue el primero a quien se confió ese cargo.

Durante las primeras reuniones, Karen tuvo que vigilar las reglas, que ella respetó rigurosamente. Cada vez que había una conversación paralela entre dos personas, pedía silencio por unos segundos y las interrumpía inmediatamente. También estableció el orden de quién hablaría primero. A aquellos que permanecían más pasivos durante un período prolongado, les pedía que dieran su opinión. Durante las reuniones, la misma Karen fue un modelo en términos de ignorar su teléfono, correos electrónicos y otras distracciones. Sin embargo, aunque tales llamadas al orden fueron requeridas al principio, y Mario tuvo que ir recordando las dinámicas de forma discreta en apartes y conversaciones individuales, esta necesidad disminuyó a medida que los miembros del Leadership Team se acostumbraron a las reglas, de modo que, tras media docena de reuniones, la gente incluso comenzó a sorprenderse por lo productivos que estaban siendo. Con el tiempo, a medida que nuevos miembros se unirían al equipo, ellos también adoptarían rápidamente las reglas del juego.

En cuanto a la agenda de las reuniones, se instituyó un formato muy estable en prácticamente un par de sesiones. Además de verificar el estado financiero y los planes de lanzamiento, el orden del día incluía cuestiones relativas a la producción, a materias primas o clientes cuando estas debían abordarse con urgencia inminente. Más tarde, una vez que las prioridades estuvieron claras, Karen dedicó bastante tiempo a marcar los asuntos que, a propuesta de Mario, entraban en la agenda y los que no. Entonces, parte del trabajo de Mario era tratar con los presidentes de las distintas unidades de negocio y con los directores generales de cada función corporativa a fin de cohesionarlos y coordinarlos alrededor de los intereses comunes. Eso aceleraría el impacto del liderazgo de Karen, facilitando que esta lograra los objetivos establecidos, antes y mejor.

De este modo, Mario seguía de cerca todas las operaciones de negocio, así como las dimensiones funcionales de ALSOL. Otros puntos de la agenda trataban sobre los planes de crecimiento de la cartera de productos, programas de I+D más amplios y aspectos organizativos de la cadena de suministro que funcionaban a bajo rendimiento. No menos importantes fueron las encuestas de satisfacción del empleado, los estudios sobre morosidad y el impacto del nivel de existencias en el fondo de maniobra, así como la planificación estratégica, la posible adquisición de competidores y mucho más. Un asunto fijo en todas las reuniones, y el primero en tratar, era una actualización sobre la seguridad, salud y medioambiente. La seguridad siempre fue una preocupación mayor para todo el grupo. En el legado de la empresa había calado profundamente que incluso los mejores resultados financieros no valían nada si las personas resultaban gravemente heridas o, peor aún, fallecían. Por eso, la seguridad se convirtió en el primer tema de cada reunión, acentuando así su importancia. Y, siguiendo los intercambios que Karen mantenía periódicamente con el presidente del grupo, la agenda del Leadership Team se complementaba con temas de interés general, solicitudes de inversión específica o asuntos de impacto social, aspecto que no podía quedar desatendido dada la relevancia de la empresa en el universo sociopolítico del país. Aproximadamente una vez al año, el presidente de ALSOL participaba a tiempo parcial en las reuniones del

Leadership Team. Con esto, conseguía que todos conocieran de primera mano las prioridades de los propietarios del grupo.

Además, todas las sesiones debían tener un tiempo reservado para los temas relacionados con las personas; contratación, cambios funcionales, expatriaciones, planes de carrera, sucesión en los principales cargos, problemas de desempeño de las funciones clave, etc. En esta parte de la agenda se discutían desde promociones de carrera o traslados de directores de planta o jefes de producto hasta encuestas de clima laboral o sobre el proceso de transformación por el que pasaba la compañía. En trabajos anteriores, Karen siempre había prestado mucha atención a las personas, y siguió haciéndolo. Para ella, las personas marcaban la diferencia. Tanto que el Leadership Team invertía una parte considerable de sus reuniones intercambiando pareceres con la intención de identificar y luego preparar a la persona más adecuada para algún puesto vacante; incluso, en ocasiones, pedía la participación parcial de algún talento joven a la reunión del Leadership Team, simplemente para familiarizarse con sus nombres, aunque no trataran su promoción hasta varios años después.

Otro elemento importante de aquellas reuniones eran los descansos. Como pocas personas son capaces de concentrarse durante más de dos horas seguidas, se incluyeron suficientes pausas en la agenda. Mario había tenido repetidas experiencias en las que los directivos subestimaban la importancia de los descansos, planificándolos mal o no previéndolos en absoluto. Para él, se trataba de una necesidad imperiosa. Un poco de tiempo libre no sólo brindaría a cada participante la oportunidad de hacer una breve pausa, atender llamadas urgentes o revisar su bandeja de entrada. También permitiría desconectar de la discusión recién terminada, del punto de la agenda preciso, preparando la mente para un cambio de ritmo, abriendo un nuevo espacio en su cabeza. Además, los descansos facilitaban intercambios individuales más profundos sobre temas que, por ser demasiado específicos —que no secundarios—, no se podían cubrir por completo en la sesión plenaria debido a las limitaciones de tiempo del equipo. Mario se mostró inflexible en este asunto y Karen asintió.

Fomenta la diversidad de opiniones pero verifica que todos entienden tus expectativas

Durante una reunión del Leadership Team hubo una discusión clave sobre una materia prima. La demanda era tal que una de las plantas fabriles que la había estado produciendo durante décadas comenzaba a alcanzar el límite de la capacidad existente. Como de costumbre, fue uno de los compañeros de Mario quien presentó brevemente el tema; esta vez, el director industrial introdujo los principales puntos objeto de discusión y dejó claro lo que deseaba obtener del debate con sus compañeros. Esa era siempre la dinámica de reunión; introducir el tema y manifestar la necesidad precisa. A decir verdad, el asunto revestía una complejidad particular y muchos aspectos que tratar. Estos iban desde la inversión necesaria en inmovilizado y el tiempo para la ampliación de la capacidad productiva hasta las implicaciones en el fondo de maniobra. También presentó los aspectos financieros asociados, como los elementos de tesorería, fiscalidad o regulatorios que habían sido preparados por los compañeros en el área de controlling, así como la percepción que esperaban recibir de los clientes potenciales. Como siempre, siguiendo el estilo marcado por Karen en la Abadía de la Hiedra, todos los miembros del Leadership Team participaron en la conversación de modo que, en poco tiempo, se habían abierto aún más dimensiones para tener en cuenta, no sólo las que había planteado el director industrial. Se produjo un apasionante debate. Fiel a su carácter, Karen escuchó atentamente, a veces preguntaba buscando aclaraciones, otras para confirmar su comprensión y casi siempre, tenía algún elemento adicional que aportar. En este caso, Karen abrió una nueva consideración respecto a cambios futuros en la normativa vigente sobre el transporte de materias químicas con cierto índice de peligrosidad. Era una nueva normativa europea, llamada REACH, cuyo debate estaba jugándose en el pleno del Parlamento Europeo, y en el que los compañeros de Asuntos Públicos y Regulatorios de ALSOL estaban plenamente implicados en la redacción del texto legislativo. Como Mario, abogado de formación, había colaborado directamente en la redacción de las enmiendas al texto legislativo propuestas por la asociación europea de industrias químicas, pudo anticipar a Karen el impacto directo que REACH podría tener en Alchemy Solutions. Karen enseguida ató cabos, impidiendo que se cometiera el error de pasar por alto este asunto. Karen explicó que lo más probable era que los cambios no se implementaran de inmediato, que se pospusieran, pero que sin duda pasarían factura a la industria más tarde. Este nuevo escenario, arrojó una luz algo diferente sobre las diversas opciones disponibles. Hizo que todo el equipo considerara, seriamente, por primera vez, verdaderas alternativas a la forma tan estándar de razonar que siempre les había caracterizado. Habían aplicado un clásico más de lo mismo, sin profundizar en opciones radicalmente disruptivas. Al profundizar sobre el asunto, la cuestión ya no trataba sobre la materia prima, su producción y su nivel de aceptación por el mercado. De repente, la venta de aquella planta industrial estaba sobre la mesa. Ese cambio en la normativa de transporte podía menguar la rentabilidad del centro de producción y era mejor moverse de forma ágil y anticipativa. Así, empezó a explorarse aquella opción de transferir la planta a una empresa especializada, lo cual no hizo más que provocar la aparición de una serie de efectos secundarios positivos en los que nadie había pensado todavía. El negocio cambió de forma repentina gracias a un escenario que potencialmente reduciría el coste total de la materia prima a largo plazo y, al mismo tiempo, mitigaría el riesgo de transporte. Así fue, con ideas, preguntas y desafíos precisos sobre puntos específicos que Karen dirigió aquella y muchas otras discusiones similares. Siempre que una conversación se desviaba demasiado de su curso o no proporcionaba nuevos resultados, la volvía a encauzar y la reorientaba hacia un nivel más avanzado o, eventualmente, hacia su conclusión.

De hecho, era raro que alguien se desviara de lo dispuesto en la agenda. Eso daba un sentido de prioridad y propósito a todos sus miembros. Una vez, un colega hizo una broma, una conexión absurda sobre el cambio climático, durante una conversación relativa al desarrollo de talento interno. Para Karen fue una desviación no deseada que rompió la dinámica positiva de la discusión. Si bien en general se mostraba abierta a momentos de evasión ocasional, que además aligeraban la carga intelectual de las conversaciones, en este caso inmediatamente pidió orden, dándole al tipo una reprimenda tal que lo dejó visiblemente avergonzado.

—¿Crees que este comentario realmente merece el tiempo y la inteligencia que se te supone para ocupar un asiento en el Leadership Team? —Así de literal sonó Karen.

A partir de entonces, los impulsos del equipo se moderaron ante el riesgo de quedar en evidencia y las reuniones se centraron en el asunto en cuestión, prácticamente sin excepción.

Otro aspecto destacable era que, cuando un asunto iba a darse por cerrado, y siempre con el fin de involucrar a todos, Karen solicitaba una última ronda de comentarios. Luego, después de que hablara la última persona, pronunciaba la conclusión definitiva. Mario tomaba debida nota. Este ritual no faltó nunca, incluso cuando no era posible tomar una decisión debido a la falta de datos o porque el asunto requiriera de mayor estudio. Cuando esto pasaba, se enumeraban los próximos pasos y acciones a seguir. En todos los casos, concluía la discusión resumiendo las decisiones tomadas, conclusiones muy claras y siempre indicando quién tenía que hacer qué y para cuándo. Y si bien alguna acción determinada podría necesitar de la contribución de varios, sólo una sola persona estaría a cargo. Todos compartían el convencimiento que cualquier división de responsabilidades entre dos o más personas crearía una ambigüedad innecesaria para la organización. Finalmente, las tareas concretas se describían de forma inequívoca. Karen nunca descuidó contrastar que todos entendieran perfectamente lo que se esperaba de ellos.

En este aspecto, resultó de mucha ayuda la implementación de una matriz RACI. Con esta herramienta, los asuntos podrían encallarse por negligencia, incapacidad o por no disponer de la información relevante, pero en ningún caso por incertidumbre o confusión sobre a quién correspondía hacer qué y para cuando.

Los plazos establecidos para cada acción solían ser breves. Repasando el proyecto IMPULSO durante aquellos meses, Mario y sus colegas convenían que sus efectos eran en su mayoría positivos. Además, las cosas que antes se hacían «casi perfectas» ahora se ejecutaban de una manera «suficientemente buena». Con este «modus operandi» y organizando la mayor parte del trabajo por proyectos, en poco tiempo toda la empresa aceleraría el ritmo. Obviamente, esto tenía un peaje; enormes cargas de trabajo.

El informe–resumen de la reunión se emitía aproximadamente al día siguiente. Enumeraba todas las acciones decididas y las principales conclusiones. Los participantes la revisaban en un plazo de 24 horas y todo aquél que tuviera una idea distinta de cualquier tema debía enviar una nota, lo que servía para aclarar los aspectos menos evidentes. Este modo de trabajar, inexistente en el estilo de gestión previo, más autocrático, dio lugar a un ciclón de empoderamiento e iniciativas. Se abría una época de alineamiento. En la siguiente reunión, se revisaría de modo exhaustivo el progreso de todas las acciones, eso sí, después de la ya habitual actualización sobre seguridad, salud y medioambiente. Esto generó una motivación adicional para terminar a tiempo las tareas a las que cada uno se había comprometido o se le habían asignado. A su vez, el período de quince días entre una reunión y otra era lo suficientemente corto para conseguir que no se perdieran de vista las prioridades.

Además del informe, Mario redactaba otro documento de una página en el que se detallaban las principales conclusiones de la reunión de un modo escueto, pero claro y pensado para ser compartido con un colectivo más amplio en forma de nota de comunicación interna. Al poco tiempo, cada miembro del Leadership Team debía proporcionar actualizaciones mensuales con sus propios informes respectivos. El documento de una página sirvió de modelo para explicar en qué asuntos se estaba trabajando y qué decisiones había tomado el equipo de dirección. Más tarde, este proceso se hacía aún más en cascada, de modo que toda la organización pudiera permanecer informada, al menos mensualmente, sobre los temas clave que ocupaban a Alchemy Solutions. En poco tiempo, toda la gente en aquella organización, las más de 30.000 personas, se sentían involucradas o incluidas de un modo u otro.

Mejora continua (colectiva), procesos y organización

Al final de cada reunión y con la vista puesta en mejorar el rendimiento, Karen pedía que cada uno comentara sus observaciones sobre cómo estaban funcionando como equipo, incluido lo que iba bien y lo que se podía mejorar. Al no estar acostumbrados a una reflexión tan abierta, al principio los únicos comentarios que se escuchaban fueron algo superficiales y principalmente centrados en los asuntos incluidos en el orden del día. Nadie se salía del guión. Con el tiempo y con mayor confianza, el equipo empezó a soltarse, abordando aspectos referidos a cómo el grupo o uno mismo estaba viviendo aquella transformación. Las observaciones ya no trataban exclusivamente sobre los asuntos de la agenda, sino que valoraban la calidad de las discusiones, de las conclusiones alcanzadas y de cómo se había llegado a ellas, así como ideas sobre cómo prepararse o rendir mejor en la próxima reunión, incluyendo lo que les había gustado o disgustado, de modo constructivo, respecto a los comportamientos específicos de sus compañeros. Karen era especialmente exigente con estas dinámicas de *feedback* y, sin ir más lejos, era la primera en aceptar fácilmente la crítica bien elaborada. Mario, como jefe de su gabinete, también abogó por esta práctica. De forma bastante evidente, cambiaba su propio comportamiento en la siguiente reunión, adaptándose a las opiniones objetivas recibidas. Karen quería un equipo sin fisuras y con procesos adheridos y Mario puso todo su empeño en asegurar que les estuviera yendo bien como equipo y, con el tiempo, aumentara la confianza mutua. Aquí las mejoras fueron considerables desde el principio. Nunca dejaron de progresar.

Esa forma de trabajo compartida se consolidó a lo largo de los años, con intercambios cada vez más ricos, profundos y eficientes.

Las fechas de las reuniones se planificaban con mucha antelación, ya en noviembre para todo el año siguiente. Considerando los muchos compromisos de las personas con aquellas responsabilidades, era la única forma de limitar los conflictos de agenda. De todas las reuniones, las sesiones del Leadership Team se tenían por las más cruciales. Todas las demás actividades se programaban en torno a estas, incluidas las vacaciones. De las muchas reuniones convocadas durante los años en los que Mario formó parte del Leadership Team, sólo una vez un compañero faltó debido a una hospitalización imprevista y sólo en un puñado de ocasiones alguno tuvo que salir unos minutos para atender alguna urgencia, principalmente de trabajo, aunque siempre hubo espacio para asuntos personales. Además de la enorme importancia que Karen daba a esas reuniones y que todo el equipo adoptó en la misma medida, las sesiones del Leadership Team fueron siempre profundamente intensas y requerían la completa atención de todos. Al terminar una sesión de las largas, de las que tomaban toda la jornada, sentían como si hubieran estado en otro lugar, como si hubieran regresado a la vida normal después de una estancia en otro planeta. Sin duda, así era para Mario.

La experiencia previa de Mario y sus colegas era algo distinta en lo que se refiere al modo de trabajar y a las dinámicas de equipos de alto rendimiento. A menudo, el equipo ejecutivo dirigía la empresa de forma prácticamente aislada en lo suyo, en su dirección departamental y área de conocimiento. Siendo una organización muy siloteada, aquellos directores tomaban las decisiones importantes, mientras que sus conexiones con el resto de los que formaban la empresa eran menos estrechas y las conclusiones, por lo general, no se compartían, y mucho menos, de modo sistemático. A los pocos meses quedó claro que las reuniones del Leadership Team serían la herramienta más importante para transformar ALSOL. Revisaron todos los mercados, procesos, departamentos, funciones y personas, se trabajó sin parar y se compartieron todas las decisiones, muchas más de las que nunca hubieran imaginado. Para la mayor parte de los compañeros de Mario, formar parte de un equipo de dirección no resultaba algo nuevo, pero aquel estilo de Karen causaba total estupefacción en ellos, a menudo incapaces de seguir el ritmo que exigía digerir tanto cambio. Para Mario era distinto, él sentía fascinación por las personas y el cambio permanente. Recién salido de un programa de formación ejecutiva en la monumental villa francesa de Fontainebleau, todo aquello que vivía era una continuidad de las clases prácticas del INSEAD. Se sentía afortunado. Cada año, Alchemy Solutions identificaba a un empleado que mereciera acelerar su progreso en la empresa mediante la adquisición de avanzadas herramientas directivas. De todo el personal del grupo, Mario fue el elegido. Argumentaron que, más allá de haber desempeñado sus responsabilidades técnicas con excelencia, superando todas las expectativas, año tras año, era el momento de desarrollar todo su potencial. No sólo el coste de la formación asumido por la empresa era una referencia sobre la confianza que habían depositado en él, también el nombre del programa formativo hablaba por sí solo; «Transition to General Management». Desde Bruselas le dijeron, es tu momento de pasar de la gestión al liderazgo. Parecía sacada de un manual; como si fuera el eco de aquella llamada del IESE.

Karen reflejaba todas las formas de liderazgo transformador que había leído en los libros. Todos los temas importantes debían decidirse con la participación de su equipo directo. Así, de un modo manifiestamente colaborativo y colectivo, conducirían y dirigirían la empresa, no sólo la gestionarían. Pronto, toda la organización tomó consciencia de la importancia del Leadership Team, por lo que, en poco tiempo, fue suficiente con decir que alguien del Leadership Team quería esto o aquello para que se actuara de inmediato. Aquel equipo enseguida se convirtió en el indiscutible timón de ALSOL.

Los efectos positivos en la cohesión y dinámicas del Leadership Team iban más allá de ellos, verdaderos líderes del grupo. Se dotaron de un «charter», lo que viene a ser un acuerdo formal por el que regularon la misión, visión, propósito y dinámicas del Leadership Team, que todos respetaron. Cada miembro del Leadership Team tenía su propio equipo de dirección funcional, donde estos replicaron las mismas prácticas inculcadas por Karen. Con el tiempo, su forma de trabajar se fue inoculando al resto de la organización. Cada una de sus respectivas reuniones, fuera en lo que fuera que participaran, tendía a comenzar puntualmente o incluso antes, y las tareas acordadas o los plazos requerían cada vez menos seguimiento, lo cual permitía que las discusiones sobre temas cruciales fueran cada vez de mayor profundidad. Conscientemente o no, la gente comenzó a adaptar su estilo de dirigir reuniones y manejar los asuntos aplicando aquella misma intensidad, que ahora se había vuelto familiar para todos. Y, aunque tomó algún tiempo asimilar este cambio en toda la organización, en unos pocos meses tanto Mario como otros colegas estaban experimentando un sentido de urgencia más intenso, una mayor dedicación en la ejecución de tareas y una voluntad más implacable de entender y resolver los problemas de raíz.

Fomenta una cultura del compromiso

La implantación de una cultura del compromiso se convirtió en algo obsesivo. Un gigante industrial con un siglo y medio de historia no se construye desde el conformismo, estaban acostumbrados a elaborar ambiciosos planes incluso para las cuestiones más básicas, ya fuera la captación de nuevos clientes o completar un programa de I+D propio o en colaboración con alguna universidad. Como muchos de sus compañeros, Mario solía establecer unos objetivos elevados para su área técnica, centrado exclusivamente en su dirección funcional. Antes de Karen, el listón que se marcaban era tan alto que los efectos negativos de no alcanzar el objetivo prometido no se solían afrontar, incluso cuando las cosas no salían exactamente como se había anticipado, tal vez porque siempre había alguna justificación que dar; un cambio regulatorio modificaba el marco existente en el momento de fijar los objetivos o un mercado que no se desarrollaba como se pronosticó, lo cual no era imposible cuando la competencia era más dura de lo previsto o alguna u otra circunstancia desfavorable había entrado en juego. Además, siempre que las decisiones pudieran explicarse razonablemente, los jefes aceptaban tal desviación. Ahora, el liderazgo de Karen exigía a todos que dejaran de lado su ego y se comprometieran con el objetivo colectivo. Karen no quería ver ni azules, ni verdes, sólo turquesas. La implementación de esta mentalidad requirió bastante tiempo y mucha pedagogía por parte del Leadership Team. Se tuvieron que multiplicar tanto como fue humanamente posible para transmitir esta expectativa a toda la organización y, con cierta periodicidad, Karen aprovechaba las herramientas de comunicación interna para recordar la importancia de que nadie se limitara a ejecutar únicamente su tarea, sino que se adueñaran de su cuota de responsabilidad en el logro del objetivo colectivo.

Aprovechando que un grupo significativo de ejecutivos, unas 50 personas, todos brillantes y entusiastas directivos, estaba reunido en el seminario anual de planificación estratégica, Karen aprovechó para comunicar que ALSOL tenía un problema de equipo. La mayoría estaba sobresaliendo individualmente, pero como equipo no compartían toda la información posible entre ellos, lo que limitaba su crecimiento como grupo. Como de costumbre, el facilitador del seminario era Noah, de Facilitators Nexus, quien vio en esa reflexión de Karen la oportunidad de personificar el mensaje con un sencillo ejercicio. Invitó a todos a una gran sala adyacente para un juego de tres rondas. Repartió cincuenta globos y pidió a todos que hincharán uno y escribieran su nombre en el globo sin reventarlo. Luego les hizo salir de la sala y esperar fuera para la siguiente ronda. Tras algo de tiempo, los llamó para que regresaran a la sala y todos aquellos directivos se encontraron con docenas de globos de más, sin ningún nombre escrito en ellos y repartidos a lo largo y ancho de la sala. Noah dio 15 minutos para que cada uno encontrara el globo con su nombre. Las primeras tres personas que encontraran sus globos serían ganadoras y la que pinchara un globo sería descalificada. Todos comenzaron a buscar sus globos y después de 15 minutos, Noah tuvo que detener la actividad ya que nadie pudo identificar su globo. Para la tercera ronda, les dijo que si algún miembro del grupo encontraba un globo con el nombre de alguien se lo entregara a esa persona. Todos comenzaron a buscar y, en un par de minutos, cada miembro del equipo tenía su globo.

—Veis, en la segunda ronda nadie pudo encontrar sus globos porque estabais trabajando en objetivos individuales —dijo Noah tras tomar el estrado—. Pero en la ronda final, en un par de minutos, todos teníais vuestro globo. Este es el poder del trabajo en equipo y de compartir la información. La mayoría de las veces, incluso sin darnos cuenta, las personas ocultamos información, evitamos la colaboración y eso nos distancia de nuestros compañeros. Este tipo de mentalidad crea obstáculos para el crecimiento del equipo y, a la larga, también afecta el crecimiento de la propia carrera individual. Todos en el equipo debéis compartir y cuidar el uno del otro para el éxito colectivo. Es importante darse cuenta de lo que sucede cuando nos centramos en contribuir a ello en lugar de centrarnos en las ganancias individuales. Dejar el ego atrás, hablar y compartir con la gente, trabajar colectivamente, permite lograr mayores ambiciones como equipo.

Con acciones como esta, las personas comenzaron a comprometerse más que antes. La razón, principalmente, las nuevas dinámicas de colaboración, la transparencia y el despliegue de una variedad de proyectos transversales que hicieran partícipes a una gran cantidad de personas en la transformación del grupo. De repente, las personas eran escuchadas y se las involucraba en el diseño de la empresa que querían ser, de la que querían formar parte.

La gente tenía que comprometerse con hitos difíciles y, para alcanzarlos, todos tenían que hacer un seguimiento minucioso, identificar las dificultades desde el principio, ser capaces de determinar e implementar un plan B o C, según fuera necesario. Como resultado, las reflexiones se volvieron necesariamente más prospectivas. En lugar de tratar de explicar por qué algo no había funcionado, las discusiones evolucionaron en torno a las actividades adicionales que podrían emprenderse para compensar las deficiencias o mitigar los efectos indeseados.

Este aspecto de la cultura del compromiso vino acompañado de un beneficio añadido; tiempo para tareas de mayor valor, los directivos no tenían que ir detrás de la información para saber si las acciones dirigidas a un objetivo iban por buen camino o no. En el pasado, generar información de modo proactivo sobre los retrasos o los asuntos desfavorables no era algo natural. La tolerancia o paternalismo del pasado tenía el miedo y la incertidumbre en la otra cara de la moneda. Generalmente no pasaba nada si unos resultados desfavorables se podían explicar razonablemente. A su vez, que las consecuencias dependieran de la discrecionalidad del superior jerárquico también generaba confusión e incertidumbre, que no es más que la antesala del miedo.

Ahora, en toda la organización, se había desarrollado tal comprensión sobre la voluntad colectiva de lograr los objetivos, que se podía asumir con seguridad que toda actividad sobre la que no se recibiera información, estaba siendo gestionada adecuadamente; *no news, good news*. Nadie esperaba ni resultaba necesario tener a alguien dedicado a controlar a los demás en lugar de hacer trabajo de valor añadido. ¡Menuda pérdida de tiempo y energía! Esto también supuso un ahorro de costes importante. Así, en contra de lo que podía parecer en un principio, la cultura de empresa se fue transformando de una de control hacía una de pleno empoderamiento y compromiso. Con el tiempo, las personas tomaron mayor responsabilidad sobre sus resultados, mejorando el desempeño.

Con todo, tuvieron que aprender a trabajar más duro, lo hicieron, y los resultados a menudo superaron aquellos objetivos a los que la gente había apuntado inicialmente.

27 de julio de 2017. Vuelo de Nueva York a Barcelona.

—Resulta impresionante todo este conjunto de vivencias en ALSOL, Mario. Con desafíos de mil colores admiro que pudierais mantener ese nivel de compromiso en la organización —comentó Rick con estupefacción—. ¡Todos deseamos organizaciones comprometidas!

—El compromiso es un término que ya forma parte del imaginario colectivo de las organizaciones. De todos modos, fíjate que, como todos los conceptos entronizados, el compromiso tiene un punto de magia; cuesta definirlo, pero, a la hora de la verdad, todos sabemos ver su presencia—prosiguió Mario, contento de que Rick diera algo de juego a aquella conversación que cada vez se parecía más a un monólogo en pleno vuelo.

—Por mucho que desees una cultura del compromiso, por muchos mensajes sobre sus bondades, no puedes obligar a alguien a comprometerse. Pienso que muchos directivos piden compromiso a sus colaboradores o dicen tenerlo, sin poner demasiado de su parte, ¿no crees? —insinuó Rick de un modo escéptico.

—Te interesaría leer la obra del profesor Jaume Filella, exdirector general de ESADE, quién en su extenso estudio sobre el comportamiento de las organizaciones ya advirtió que el compromiso de alguien es una decisión voluntaria y vinculante para conseguir un objetivo, que supone realizar un conjunto de acciones en sintonía con su forma de pensar y de actuar.

—Eso está muy bien Mario —replicó Rick—, pero al trabajo vamos a cumplir un cometido, cada uno el suyo, en el que aplicamos una serie de habilidades y competencias profesionales adquiridas a lo largo de los estudios y la experiencia. El compromiso ni se estudia ni aprende.

—Precisamente por esto creo, como creía el profesor, que el compromiso no es una competencia en sí mismo, sino un motor de voluntades que desarrolla competencias. En las organizaciones suele relacionarse el compromiso con una serie de actitudes, no de habilidades adquiridas tras alguna formación, como serían la implicación, la responsabilidad, la dedicación, el entusiasmo, la colaboración, etc. El compromiso —continuó razonando Mario— es un concepto holístico que nace de la convicción personal de que merece la pena entregarse en cuerpo y alma para lograr un objetivo.

—A las personas nos cuesta ser constantes a largo plazo y más si se trata del trabajo. Si eso es como dices, los directivos que pedimos un compromiso incondicional e indefinido a nuestros colaboradores, nos estaríamos equivocando —las palabras de Rick mantenían ese tono escéptico a tanta teoría.

—Efectivamente —Mario asintió—. El compromiso visto como una exigencia indefinida es un error. Puede darse, por supuesto, pero si me permites parafrasear al también profesor Ramon Pes, el compromiso de una persona es un sí a un proyecto, es un sí a una organización y es un sí a un equipo, lo cual requiere de un mínimo de tiempo y de dificultad para que tenga sentido, pero no hace falta que sea para siempre. Además, el compromiso no es sólo razón, tiene un alto componente emocional. Sin la parte del corazón, no sería posible explicar todo el tiempo que he dedicado al servicio público, porque trabajar sólo por dinero no supone ningún tipo de compromiso, porque ignora las razones emocionales.

—Pero bien que has dejado tu cargo sin que haya terminado la legislatura —inquirió Rick.

—Yo no era más que un profesional que decidió ofrecer un período de su vida a la gestión pública, al bien común, pero en ningún caso estuve sometido a las condiciones de sufragio ni representé a votante alguno a quien pudiera defraudar. Como ya te he dicho, el compromiso no acepta medias tintas. O lo estás o no lo estás. Yo asumí un compromiso con una organización cuyo fin era impulsar la competitividad empresarial, con un proyecto cuyo objetivo era ordenar la estrategia y el conocimiento que debían servir de herramientas para ello y con unas personas que lo representaban. Dije sí a las tres cosas, pero el compromiso es dinámico y necesita renovarse para constatar que sigue vigente.

—Entonces, ¿significa que ya no estás comprometido con el país? —esa pregunta hacía daño, pero era fácil de responder.

—Todo lo contrario, amigo Rick, yo no me he movido de donde estaba —dijo Mario—. Colaboré en silencio y altruistamente por esos objetivos desde mucho antes de volver a Barcelona. Antes incluso que muchos de los que ahora sueltan frases grandilocuentes y copan las portadas. Desde principios de la década, compaginándolo con todas mis responsabilidades en ALSOL, entregué de forma voluntaria parte de mi tiempo, conocimiento y contactos en pro de la competitividad empresarial del país, de la atracción de inversiones y la generación de talento internacional, sin prestar atención alguna a cuestiones de partidos políticos. Si algo era bueno para atraer inversiones, facilitar exportaciones y generar empleo de calidad, allí me tenían. Mi vocación de servicio público permanece inalterada, pero como dijo el autor Warren Bennis, hay que conocer lo que a uno le impulsa, no sólo lo que le satisface. La persona comprometida tiene un plus de implicación y de motivación que no tiene la persona cumplidora y, como no me veía al frente de mis responsabilidades simplemente como alguien cumplidor, comprendí que mi período había llegado a su fin. No tiene más secreto.

Excelencia en todos los frentes

Una vez, durante una de las reuniones largas del mes, aquellas que cada quince días tomaban unas 6 o 7 horas del equipo, el Leadership Team discutió un problema sobre un pequeño fabricante, a punto de quebrar, que operaba como distribuidor de Alchemy Solutions para una zona del mercado portugués. Tradicionalmente, ese distribuidor no se limitaba a revender el producto de ALSOL, sino que añadía parte de valor al producto agregando un componente menor que estabilizaba su pH y filtrando las cantidades en volúmenes aceptables para compradores al por menor. Para ello, el grupo belga aceptaba asumir unos miles de euros anuales de sobrecoste. Las cantidades para aquel mercado del sur de Europa eran menores a nivel global, pero suponían unos ingresos notables en la región, así que nadie podía plantear la interrupción de la producción. A esa sesión del Leadership Team se invitó al director de producción de la región ibérica, ingeniero responsable de las operaciones industriales en la zona, quien se limitó a presentar un proveedor alternativo, abandonando al pequeño fabricante a la suerte de su quiebra. Sacrificando medio punto de margen, puesto que la logística era un poco más complicada y el coste algo más alto, se podría garantizar la continuidad de las operaciones.

Como el impacto en los resultados del grupo era prácticamente insignificante, la mayoría del Leadership Team propuso aceptar esa opción y pasar al siguiente asunto de la agenda. Karen lo vetó. En su opinión, tenían que cuestionarse si podían mejorar el modo en que estaban diseñadas las operaciones de distribución en ese pequeño mercado. Ante la sorpresa del Leadership Team y la firmeza de Karen, el equipo comenzó a tratar la posibilidad de buscar un proveedor en alguna región de bajo coste, como Marruecos u otro en la orilla africana del arco mediterráneo, usar tecnologías alternativas de producción, cambiar el producto final, etc. Tras más de treinta minutos de intenso debate, Karen concluyó que, con una pequeña inversión, debían adquirir aquel fabricante portugués, el cual, si bien había caído en desgracia por una descuidada gestión financiera, presentaba buenos indicadores industriales. De este modo, el servicio podría integrarse en las propias actividades industriales de ALSOL, aumentando la capacidad productiva de la región ibérica. No sólo habían resuelto el problema, sino que salvaban una empresa simplificando sus propias operaciones con sinergias aun mayores.

Karen aplicó rigurosamente este enfoque de mejora constante, conduciendo a todos hacia nada menos que la excelencia. Cualquier parte de la empresa que mostrara un rendimiento inadecuado sería cambiada, tantas veces como fuera necesario y tan a menudo como fuera necesario, hasta que diera resultados satisfactorios. Las direcciones funcionales como finanzas y recursos humanos se revisaron periódicamente para mantener la organización lo más ágil y eficiente posible. Se hizo revisión de todo, se establecieron métricas para todo y se trató de mejorar todo aquello que, desde entonces, pudo medirse. Todas las áreas que sólo agregaban costes innecesarios o que generaban complejidad a través de procesos y solicitudes de poco valor para la organización fueron replanteadas: procesos productivos, empaquetado de productos, informes financieros, presentaciones comerciales, etc.

Obviamente, la mejora continua es un elemento clave en toda responsabilidad de gestión. Como la mayoría de los demás, Mario aún no había visto aplicarla de manera sistemática y tan contundente a todos los niveles. La línea marcada por Karen tuvo un impacto en toda la empresa. Se multiplicaron los proyectos transversales de mejora. Casi toda la organización estaba involucrada ahora en una u otra de las numerosas iniciativas de impacto fijadas por el Leadership Team. Un aspecto significativo fue darse cuenta de hasta qué punto, en la práctica, el equipo de dirección estaba involucrado en mejorar el rendimiento, incluida la reducción de costes. No gustó a nadie que le preguntaran por qué este o aquel equipo tenía que cruzar océanos para una reunión interna, por qué de convocar a decenas de directivos procedentes de todos los rincones del mundo para una formación técnica, o los beneficios de estar presente en ferias comerciales cuando todo el mundo conocía la historia y los productos de ALSOL. Este intervencionismo tan directo sobre ejecutivos de las primeras líneas directivas llevó a muchos a ser más críticos con el cambio, pero al mismo tiempo proactivos en su esfuerzo por mejorar los resultados.

Algunos miembros de la antigua guardia no estaban convencidos de que aquellos esfuerzos fragmentados de microahorro supusieran una mejora notable. En su mayor parte, consideraron que no valía la pena el esfuerzo. Sin embargo, considerando que esas iniciativas impactaban sobre las actuaciones de todos en el grupo, en unos meses la mejoría fue visible, no sólo gracias a los muchos participantes, sino también porque las mejores prácticas y los beneficios asociados se compartían sistemáticamente. No era tanto una cuestión del número sino de mentalidad. ALSOL evolucionó hacia la eficiencia en todas las actividades, pequeñas o grandes, y eso pronto estuvo en boca de todos.

Escucha y confía en los demás, mejorará tu eficiencia

En los años previos a Karen, se solían preparar presentaciones interminables y todas ellas cubrían aspectos que excedían de forma amplia el núcleo y razón de ser del asunto. Esto hacía que cada intervención se extendiera demasiado, fácilmente más de quince diapositivas por tema de la agenda. Naturalmente, la mayor parte del tiempo se utilizaba para repasar cada uno de los hechos planteados en la presentación y responder a preguntas. Tanto presentador como receptor se frustraban a menudo. Por un lado, quien presentaba esperaba que los demás estuvieran familiarizados con los detalles más precisos, llegando a sentirse como si estuviera ante un examen oral. Por otro lado, los que se disponían a escuchar, quedaban a menudo insatisfechos por no tener tiempo suficiente para debatir los aspectos más sustanciosos del tema.

Todos eran conscientes de que estaban alargando una experiencia decepcionante, un modo obsoleto de trabajar. Por ello, el Leadership Team decidió cambiar las reglas de juego; ninguna presentación podría exceder las tres páginas. Como era de esperar, hubo quien intentó comprimir toda la información en esas tres páginas con un tamaño de letra minúsculo. Sin embargo, más allá de unos pocos listillos, que siempre los hay, se logró aumentar la calidad de las interacciones. La información escrita no suponía más que una forma de contar una historia. Así, quien presentaba el asunto en cuestión, lo introducía brevemente, a modo enunciativo de los puntos de discusión. Otros aspectos más tangenciales o técnicos se ignoraban por completo. Las presentaciones no se hacían para el lucimiento personal o para demostrar lo mucho que uno trabajaba, sino que iban muy dirigidas a obtener una perspectiva nueva sobre asuntos que podían estar bloqueados o que requerían de la opinión o acción de un compañero. Una mirada distinta y experta. Los elementos que no requerían de ese estímulo, por importantes que fueran, se ignoraban por completo. La razón fundamental era que ahora se podía confiar en que las personas que presentaban el tema habrían cubierto los demás aspectos con suficiente profundidad durante la preparación de su caso, bajo la supervisión de un miembro del Leadership Team. Se optaba por explicar el proyecto en sus propias palabras y se hacía referencia al documento de modo ocasional. De este modo, la conversación llegaba a los puntos críticos en tan sólo unos minutos. Aprovechando la experiencia de los miembros del Leadership Team, esa conversación podía ser muy rica, ofreciendo elementos completamente nuevos y distintas perspectivas. A nadie sorprendía que Karen ofreciera un punto de vista fuera de lo común, como también lo hicieron los demás en la mayoría de las ocasiones. Este nivel de profundidad de cada uno de los asuntos no habría tenido lugar bajo la configuración anterior puesto que no había tiempo para debatir. Ahora, las decisiones se tomaban con mayor rapidez; todos tenían una mejor comprensión de los problemas principales, riesgos y planes de mitigación incluidos.

La mejor forma de valorar esa mejora fue cuando las reuniones empezaron a terminar con un «buena discusión», en contraste con el «buena presentación» del modelo precedente. Un beneficio adicional, muy apreciado, fue la reducción de páginas destinadas a la lectura previa antes de las reuniones del Leadership Team. Aquí, cincuenta páginas por día de reunión era una buena referencia, en comparación con las más de doscientas anteriores.

De manera similar, se restringieron los informes mensuales y trimestrales. No importa cuán importante fuera el alcance del negocio, la región, el cliente o la fábrica, todo debía caber en una página. Tales reglas y hábitos se extendieron gradualmente por toda la organización, fomentando también intercambios individuales específicos y más sucintos. La comunicación por correo electrónico también cambió. Responder correos electrónicos no urgentes en una o dos semanas se había convertido en el estándar, mientras que la nueva regla especificaba tres días como máximo. En unos meses, la velocidad del reloj de ALSOL se redujo a sólo un día, llegando finalmente el mismo día o la mañana siguiente a más tardar. Algunos percibieron que esto era aún demasiado lento y comenzaron a usar nuevas herramientas tecnológicas (whatsapp, slack, chat, etc.) y redes sociales, una aceleración que rápidamente produjo un impacto muy visible. El trabajo en los proyectos se volvió más dinámico y los equipos, en general, procedieron más rápido, lo que contribuyó a hacer real el sentido de urgencia. Naturalmente, esto requería que las personas revisaran y respondieran correos electrónicos y otros mensajes con bastante regularidad, incluso en momentos extraños del día. Sin embargo, al darse cuenta de cómo los resultados habían comenzado a mejorar, la gran mayoría aceptó esta forma de trabajar sin oponerse demasiado, puesto que de un modo u otro les daba mayor tranquilidad y flexibilidad en la gestión de su tiempo.

—Pero no todo vale en aras a la eficiencia. Esa dedicación tan salvaje me parece un precio muy elevado y no siempre es necesario responder tan rápido a cuestiones que no lo requieren, ni tener a todo el equipo pendiente de lo que hacen los demás —aseveró Rick.

—No te quedes en la superficie. Uno de los grandes beneficios de esas dinámicas de trabajo fueron la cohesión y la capacidad de esfuerzo que construimos como equipo, lo que ahora muchos llaman resiliencia. Dice Gever Tulley, escritor y fundador de escuelas como Brigthworks School, que «la resiliencia sólo se genera ante la oportunidad de afrontar momentos difíciles». Fuente de la psicología positiva, este nos enseña que para sentirnos activos, con energía y plenamente productivos debemos centrarnos en la solución, más que en el problema. De lo contrario, uno se agota.

Efectivamente, la intensidad del trabajo era un problema, pero nos permitía encontrar muchas más soluciones que cualquier otro modelo. Estábamos centrados en eso: en encontrar soluciones y aprovechar las dificultades para crecer, aprender y prosperar.

—No lo había interpretado así, pero lo que dices requiere que todo el equipo trabaje razonablemente sincronizado. De lo contrario, habrá un desequilibrio que se hará tóxico, con aquellos que tiran de los más rezagados.

—Tengo experiencias para todo. Esa forma tan colegiada y directa de trabajar desde la dirección estaba en las antípodas de lo que me encontré en la Administración Pública, encuadrado en una organización configurada a base de una mentalidad temerosa, insegura y desconfiada. Un todos contra todos. El liderazgo ejercido era de «ordeno y mando», con las clásicas agendas ocultas, poca transparencia y, por qué no decirlo, juego de engaños.

Toda la cohorte de mandos, escaldados por los muchos años haciendo el mismo trabajo para la misma organización, creía saberlo todo, demasiado ocupados escuchándose a sí mismos o adulando a los demás, en especial al jefe —fuera quien fuera el jefe, el cual iba cambiando a razón de cada tres o cuatro años, a lo sumo, según el ciclo político—, sin tener tiempo para escuchar a los demás. Aquella forma de dirigir en la Administración Pública era diametralmente opuesta a lo que viví con Karen en el Leadership Team.

—Sabías bien que la meritocracia no es un indicador de referencia en la Administración Pública, particularmente cuando se trata de cargos de confianza como era el tuyo, salvando contadas excepciones que imagino que las habrá —puntualizó Rick.

—Pero es que aquello era el súmun de los despropósitos. Las reuniones de dirección no estaban dirigidas ni tenían una agenda profesional, por lo que se convertían en el momento de pasar revista pública a las tareas individuales de cada miembro del equipo, con poca o ninguna reflexión que aportar por los demás. Se agendaban sólo para rendir cuentas al jefe y tratar de ganar su influencia por encima de los compañeros. El «examen de los lunes», se decía. Parca en razones, la interacción con la dirección se limitaba al reparto de órdenes o a alguna instrucción de cómo ella quería las cosas. Eso cuando no era algún berrido como manifestación vehemente de una discrepancia, sin debate, sin contribuciones del resto del equipo, quienes convivían en compartimentos mentales estancos, cada uno responsable exclusivamente de su disciplina.

—Ciertamente parece todo muy distinto a lo que relatas de ALSOL.

—Allí, todos, sin importar posición o rango, éramos tenidos en cuenta, con algo que ofrecer. Karen, sin excepción, escuchó siempre a las personas del equipo directo y más allá del Leadership Team, y cada uno de nosotros hicimos lo mismo con nuestra gente. En cada reunión de Leadership Team, su mentalidad se transformaba en una acción colegiada, sin silos. Se hizo famosa la frase con la que Karen complementaba tantas y tantas reflexiones; «Tengo una idea de lo que quiero hacer. Diría que es más o menos el 60% o 70% de lo que tenemos que hacer, pero el 100% debemos hacerlo juntos y vosotros complementar lo que a mí me falta».

Karen sabía que las personas de su equipo, así como los equipos de su gente, eran quienes conocían como sacar el máximo provecho de los recursos disponibles, los que estaban a la vanguardia y confiaba en que tuvieran ideas, buenas ideas, sin necesidad de intervenir sobre cada pequeño detalle.

Obviamente, aunque Karen escuchara, era ella quien estaba al cargo. En ningún caso puso en práctica todas y cada una de las ideas que le llegaban. Atendía, asimilaba y luego, basándose en su propia experiencia, decidía. Nada que ver con lo vivido en la administración; ¿De qué servía compartir las ideas con el jefe si luego no usaba la información o, peor aún, lo hacía en tu contra?

—Alguna lectura positiva habrás sacado de ello —Rick estaba buscando la enseñanza de aquella reflexión.

—Con el tiempo, he comprendido que, se trate de ALSOL, de la Administración Pública o de cualquier otra entidad, prácticamente todos los miembros de un equipo bien organizado pueden decir algo útil a su superior jerárquico sobre lo que ellos, como equipo o empresa, están haciendo mal, o sobre cómo algo se podría hacer mejor. El vínculo emocional que se deriva de cada estilo de liderazgo marca las diferencias.

Respeta el tiempo de los demás (y el tuyo propio)

Una de las grandes incógnitas en el mundo de las organizaciones es, precisamente, la gestión del tiempo de quienes están al frente, teniendo sus días las mismas horas que los demás. ¿Cómo era posible que Karen encontrara un hueco para despachar cualquier asunto con un solo día de anticipación, o incluso menos de eso en caso de imprevistos como, por otro lado, suele ocurrir en todas las organizaciones? Mario sabía a ciencia cierta que Karen recibía diariamente una cantidad de correos electrónicos superior a los tres dígitos. Parecía leerlos todos o, al menos, mirarlos. La prueba estaba en los breves mensajes de agradecimiento, preguntas, solicitudes de información adicional, etc., que enviaba como respuesta. También recibía una verdadera avalancha de informes mensuales los cuales, en unos pocos días, respondía celebrando el logro o reaccionando cuando algo no estaba claro o no progresaba según lo previsto. Su patrón de actuación era siempre el mismo; Karen se centraba únicamente en unos pocos elementos críticos de cada proyecto. En cuanto al resto, o lo ignoraba o conseguía no quedarse enganchada en los aspectos menores.

Una característica especial de trabajar con Karen era la poca cantidad de reuniones de seguimiento que precisaba. Al final de cada conversación, Karen se aseguraba de que todos los participantes hubieran alcanzado un nivel de comprensión tal como para continuar con su parcela de trabajo sin que fueran necesarias más aportaciones por su parte hasta la siguiente revisión. En cuanto a otras citas, como visitas a clientes, reuniones con proveedores, compromisos institucionales, encuentros con colaboradores menos directos, etc., todo estaba calendarizado. Karen y Mario invertían bastante tiempo en programar la agenda con mucha anticipación. Entre reunión y reunión incluían, sistemáticamente, algo de tiempo libre o, como decían, de «tiempo no asignado», cuyo único fin era permitir una rápida reacción de Karen, en caso necesario, a las distintas noticias que iban sucediendo a lo largo del día.

En esa gestión del tiempo, nada era casual. La primera solicitud que Karen hizo a Mario fue la de reunirse a las 6.30 de la mañana, todos los días. Por lo general, el personal de la empresa solía llegar sobre las 8.00, lo cual era visto por Karen como una oportunidad de máximo foco en la definición de prioridades y aspectos estratégicos. En esa hora y media, Karen y Mario ordenaban la agenda diaria, semanal y mensual. A partir de las 8.00 ya no habría un solo momento para pensar con calma, sus mentes entraban directamente en formato ejecución, así que, en ese primer momento de la mañana —con un café largo, negro, sin azúcar, la opción matinal de Mario, y un té caliente con algo de nata para Karen, que para eso era muy inglesa—, programaban todas las reuniones, preparaban el contenido de las llamadas telefónicas, organizaban el orden y contenido de las respuestas a las solicitudes recibidas, etc. En el despacho contiguo, Giulia y Emily, las secretarias de Karen y Mario respectivamente, revisaban y adaptaban la agenda según dictaran las prioridades. Así cada día, durante esos intensos años.

El día de Karen en la oficina no era mucho más largo que el de la mayoría de los miembros del Leadership Team, que pocas veces se quedaban en su despacho más allá que ella. Salvo Mario, en cuyo cargo iba la responsabilidad de asegurar que, a primera hora de la mañana, cada asunto previsto para el día estaba agendado con todo su propósito y que, considerando todas las prioridades del grupo, tenía todo el sentido que estuviera ahí. Su coche era siempre el último en abandonar la explanada del aparcamiento, pero no recogía hasta haber puesto orden a las etapas que seguirían a cada acción en la agenda del día y haberlas comunicado a sus interesados. Lo que diferenciaba a Karen y Mario de los demás era el rigor con el que empleaban su tiempo y la eficiencia con la que se aplicaban.

Cuando no tenía que reaccionar a alguna urgencia aparecida en su bandeja de entrada y Giulia no lo ocupaba con algún asunto más urgente, aquellos espacios no asignados en la agenda fueron, casi siempre, dedicados a las personas. Karen trabajaba con la puerta abierta y siempre animaba las visitas espontáneas. Disfrutaba hablando con la gente y aprovechaba aquellos encuentros como un elemento clave de su estilo de dirección. Sólo una parte mínima del top 50, los cincuenta ejecutivos con mayor perímetro de responsabilidades de ALSOL, vivía en Bruselas. Esto es, directores nacionales, directores de producción, presidentes de aquellas unidades de negocio cuya sede no estaba en Bruselas, sino en Houston, Lyon, Milán, Paris, Bangkok o Seúl, entre otros. La mayoría acudía a las oficinas centrales varias veces al año para reunirse con sus jefes directos o compañeros de proyecto. Desde un primer momento, Karen no sólo les abrió su puerta, sino que pidió que, cada vez que pasaran por Bruselas, entraran en su despacho, ni que fuera por unos pocos minutos, a compartir las últimas noticias, problemas, preocupaciones y otros asuntos. Con esa curiosidad auténtica por todas las actividades de la empresa conseguía información de primera mano sobre muchos aspectos de la organización. Todo esto la ayudaba a estar actualizada sin descender a la microgestión, identificar conexiones entre distintos proyectos, advertir fricciones antes de que se convirtieran en problemas, etc. Siempre que fuera posible, tomaba decisiones sobre la marcha. Una gran ventaja de ese estilo de dirección fue la creación de fuertes lazos personales con los directivos clave. Construir este vínculo fue uno de sus principales recursos para dirigir ALSOL.

TÚ COMO LIDER RELACIONAL

El término liderazgo ha ido cambiando a lo largo de las últimas décadas, dando cada vez más peso a la relación que se forma entre líder y colaborador, en lugar de centrarse sólo en las características del líder. Este enfoque es lo que llamamos liderazgo relacional. Como expone el autor Pablo

Cardona, profesor de Comportamiento Humano en la Organización en el IESE, la mayoría de los modelos de liderazgo relacional se han basado en la teoría de las relaciones de intercambio, según la cual la relación entre líder y colaborador es de tipo económico o de tipo social. Cuando la relación es de tipo económico, el colaborador se limita al cumplimiento formal de sus obligaciones, mientras que cuando la relación es de tipo social, el colaborador es capaz de hacer más de lo estrictamente requerido formalmente. La clave es discernir si el intercambio de tipo social se debe al atractivo de la acción para el colaborador (intercambio de trabajo) o a la responsabilidad que el colaborador tiene por contribuir a la organización (intercambio de contribución).

Cuando trasladamos esta reflexión al ámbito de influencia del líder sobre el colaborador, los efectos pueden ser muy distintos dependiendo en qué tipo de intercambio social se apoye la relación entre colaborador y líder. En caso de intercambio de trabajo, el líder buscará persuadir al colaborador a base de hacer el trabajo más interesante. Si la relación se apoya en un intercambio de contribución, además de hacer atractivo este trabajo extraordinario, el líder podrá apelar a la responsabilidad del colaborador de contribuir a la organización (incluso cuando el trabajo no sea atractivo, pero importante para la organización).

Ejercer el liderazgo relacional de forma consciente en las organizaciones es un factor determinante para lograr el equilibrio en la convivencia y la felicidad de las personas. Los equipos con un líder relacional al frente logran el compromiso de las personas, la excelencia y eficiencia en el desempeño con mayor facilidad, a la vez que generan entornos de trabajo respetuosos y saludables que permiten el desarrollo de las personas y su bienestar. Karen lo representaba perfectamente.

Lo que hace un líder relacional:

1. Conecta. Lograrás mejores intercambios si ejerces a conciencia tus habilidades para desarrollar relaciones interpersonales. Diversos estudios indican que hasta el 40 % de los empleados de las organizaciones no

tiene confianza en sus mandos y, sin ella, les invade una sensación de incertidumbre, inseguridad y preocupación que no favorece el desempeño.

2. Céntrate en las personas. Mantén a las personas en el centro de atención; sólo con ellos conseguirás que las cosas sucedan. Pasa gran parte de tu tiempo con el equipo; son la palanca más importante para lograr lo que deseas.

3. Déjate ayudar. No controles a los demás. Construye un buen equipo y confía. No hay una sola manera de hacer las cosas y debes mostrar flexibilidad ante las sugerencias y nuevas ideas. Tu liderazgo relacional implica evaluar el impacto de tus relaciones. Con una mejor calidad de estas, las personas estarán más dispuestas a acompañarte.

4. Fomenta la diversidad de opiniones. No hables de ti mismo sino del nosotros. Una de tus principales responsabilidades como líder es la de servir a los demás. Considera lo que los demás quieren expresar, dales su lugar en la organización. No te sientas superior. Quieres ganar siempre, lograr tus objetivos, pero no eres superior a nadie, sólo tienes responsabilidades distintas.

5. Verifica que todos entienden tus expectativas. Sé preciso y claro en tu comunicación. Evita situaciones que puedan llevar a equívoco y que puedan socavar las relaciones con y entre los colaboradores. Ante los rumores, no hagas la vista gorda, no participes en ellos ni los expandas para lograr algún tipo de información que creas necesitar.

6. Busca la mejora continua (colectiva), procesos y organización. Cuando estableces expectativas altas, estás mostrando confianza en las capacidades de tu gente y forjas una conexión especial con ella.

7. Fomenta una cultura del compromiso. Crea una cultura organizativa en la que todos se hagan cargo de su cometido. Tu equipo se adueñará de sus objetivos y trabajará más duro para lograrlos. El compromiso es bidireccional y comporta reciprocidad. Nadie se comprometerá nunca por aquellos que no asumen ningún tipo de compromiso.

8. Exige excelencia en todos los frentes. Persevera y aprecia lo que está bien, no sólo lo que falta. No busques la perfección en todo o acabarás por desmotivar a tu equipo.

9. Escucha y confía en los demás para mejorar la eficiencia. Somos nuestras relaciones. Cuando fomentas relaciones positivas, creas entornos positivos, desarrollas proyectos positivos y traes cambios positivos al mundo. Debes ser alguien en quien se pueda contar y, por otro lado, debes confiar en los demás, creyendo en sus talentos y habilidades.

10. Respeta el tiempo de los demás (y el tuyo propio). Reserva una parte del día para pensar bien las cosas. La mayoría de las veces te permitirá adelantarte y ahorrar tiempo, energía y dinero a tu organización.

Tercer eje:

Emociones

Vive tu propósito y hazlo visible

27 de julio de 2017. Vuelo NYC-BCN. Las casi diez horas hasta Barcelona de aquel vuelo de vuelta desde Washington sirvieron para que Mario y Rick compartieran muchas reflexiones. Rick estaba al frente de una organización talentosa en crecimiento y con presencia internacional pero con algunos retos ante sí, ciertas fricciones entre socios y mucha tensión interna. En ese contexto, Rick se sinceró sobre sus dudas acerca de si merecía la pena toda aquella lucha.

—*Eran dos barrenderos haciendo su trabajo* —así empezó Mario con una parábola—, *cuando a uno de ellos le preguntaron "y tú, ¿a qué te dedicas?".*

—*¡A recoger las basuras!* —*contestó malhumorado al recordarle la precaria consideración de su trabajo.*

—*Yo me encargo de que mis calles sean las más limpias de la ciudad* —*contestó su compañero, a quien le habían hecho la misma pregunta. Cuando habló, sus ojos expresaron que su rutina tenía sentido y, aunque el esfuerzo del duro trabajo era exactamente el mismo para ambos, para este último esto no suponía un sacrificio ni una pena con la que cargar.*

—O buscas el sentido a cada obligación de tu día a día o vivirás eternamente enojado. Es muy simple: o motivación o sacrificio, tú eliges, porque no hay más —remató Mario, ahondando en una reflexión personal sobre el porqué de nuestras acciones y el propósito en la vida. El líder debe tener muy claro su propósito, qué le mueve y comprender qué mueve a su gente.

La motivación es la causa de una acción. Proviene del latín *motivus* (movimiento) y del sufijo -ción (acción y efecto). De algún modo, es sinónimo de propósito, causa, fundamento, estímulo, dirección, sentido. La motivación nutre una vida con sentido.

Encontrar el sentido de la vida no es fácil y, además, es personalísimo. La reflexión que sirve a unas personas no sirve a otras. La respuesta viene del interior de cada uno y debe satisfacer sólo a cada uno. Hay personas que lo encuentran después de atravesar profundas crisis existenciales. Otras, viven por inercia. Estas han olvidado que el antónimo de la vida no es la muerte, sino la falta de interés por la vida.

—Rick, recuerda que vivir con ilusión, dar un sentido a lo que haces, anula la sensación de estar sacrificando los días, —apostilló Mario—. Saber para qué haces algo, cuál es su intención, ayuda a no entrar en la rueda de la desilusión que transporta a la dimisión interna, como tantos directivos que ven pasar los días, dañando a sus equipos y a su entorno familiar.

Como dijo Mark Twain; los dos días más importantes en la vida de un ser humano son el día en que uno nace y el día en que descubres el porqué de tu nacimiento. Alchemy Solutions era una industria centenaria que no sólo se adaptó a cada uno de los tiempos que le había tocado vivir, sino que, por convicción de su fundador, tomaba parte activa en el progreso de la humanidad desde la ciencia. Ese era su porqué.

Esta idea de progreso se mantuvo en el corazón de ALSOL desde sus primeros días, siendo la fuerza motora de los logros más decisivos de la empresa. Karen era muy consciente, como en su momento lo fueron buena parte de sus predecesores, de que el progreso exige cambiar, sobre todo en un mundo con una población en constante crecimiento, recursos limitados, desafíos ambientales y sociales, etc.

A su vez, tan evidente era que Karen se había propuesto unos objetivos muy ambiciosos como lo era que los objetivos por sí solos nunca unen a las personas, lo hacen la visión y el propósito; ese saber por qué una empresa existe.

Por eso, ALSOL abrió una Comisión que llamaron HORIZONTE, facilitada por Noah Martijn de Facilitators Nexus, encargada de traducir esa razón de ser en un mensaje actual que representara el propósito de la empresa, que capturara esa voluntad histórica de tener el mayor impacto posible en la sociedad, elevando el trabajo por encima de las tareas del día a día.

Ese mensaje debía ser nuevo y mejor, sabiendo que lo «nuevo» no siempre es «mejor» y que «mejor» no significa «mejor para todos», por lo que el replanteamiento exigía reconsiderar qué significaba progreso para ellos y lo que hacían, porque lo que uno hace determina lo que es.

Tras varias sesiones de la Comisión, compuesta por un elenco muy diverso de colaboradores, se decidió que el lema «Unimos personas, ideas y elementos para reinventar el progreso, cada día» reflejaba la razón de ser de ALSOL.

Ante el Consejo de Administración se argumentó lo siguiente:

- Unión: Construimos relaciones y vínculos que crean más energía física, emocional, intelectual y/o espiritual de la que los involucrados podrían generar de forma independiente e individual.
- Personas, ideas y elementos: Existimos para conectar personas con personas, ideas procedentes de muchas fuentes y los elementos

químicos que se convierten en nuestros productos. Nuestra mayor contribución a la sociedad aflora cuando combinamos el poder de las personas, las ideas y la ciencia.

- Reinventar: Nuestra capacidad para reconocer la dualidad de nuestro mundo y de mantenernos lo suficientemente curiosos y creativos entre dos ideas aparentemente opuestas, como pasado y futuro, para formar un horizonte fundamentalmente nuevo.

Más allá de los objetivos precisos, este mensaje era coherente con la cultura de ALSOL y daba sentido al trabajo individual y colectivo.

Implícalos emocionalmente

—Uno de los primeros consejos que me dio Karen fue; «Gestionamos personas. Personas que cobran por hacer un trabajo, pero si para ellas es sólo un trabajo, nunca podrán dar su máximo potencial» —dijo Mario.

—Pero Mario, en el trabajo, lo importante es que la gente trabaje. —Esta opinión de Rick estaba todavía bastante extendida en la España de aquellos años, aturdida por la crisis financiera e inmobiliaria y con muy pocos valientes conferenciando sobre personas, emociones, bienestar de las organizaciones, acompañamiento ejecutivo, compromiso, actitud, etc. Las multinacionales centroeuropeas llevaban algunos lustros de ventaja en cuanto a conceptos como liderazgo, crecimiento personal o inteligencia colectiva y Mario había tenido la fortuna haber vivido esos tiempos desde una posición privilegiada en la capital de Europa.

—Nunca dejes de lado las emociones, Rick. Como líder debes ocuparte de frustraciones, miedos, resistencias al cambio, preocupaciones, etc. de tus colaboradores. Al menos, deberías tener en mente cómo abordarlo.

—¡Bastante tengo con generar contenido, diseñar soluciones para mis clientes, coordinar los trabajos, facturar, cobrar y pagar las nóminas! —el peso de la responsabilidad se percibía en las palabras de Rick.

—Recuerda que las emociones son las responsables de impulsar o de bloquear el desempeño de las personas. Sus temores, desilusiones y reservas impiden que cada uno dé lo mejor de sí mismo. Un cerebro bloqueado por esas emociones negativas reacciona de tal forma que sus capacidades se limitan a buscar más errores, culpables y dificultades, entrando en un bucle estéril.

—No lo entiendes Mario, ¡yo tengo algunas personas con las que realmente no se puede!

—En ese momento, es crucial darte cuenta de que, en la mayor parte de las ocasiones, no lo están haciendo adrede. No es un ataque en contra de nadie, ni contra ti ni contra tu empresa. Esa persona tendrá algo por resolver y seguramente no le estás ayudando. Como líder, parte de tu responsabilidad es desarrollar personas y no puedes olvidar que todos somos mentalidad, emociones y hábitos. En estos tres objetivos es importante que tu capacidad de liderazgo sepa actuar.

—Pero ese no es mi trabajo, Mario. En todo caso, no sé si tengo las herramientas para una conversación de ese tipo.

—No evites tener una conversación difícil sobre las emociones que te demuestra un colaborador. Al principio, puedes sentir que abordar este tipo de vicisitudes forman parte del área más íntima de la persona y que ese no es tu trabajo. En realidad, sí lo es e impacta directamente sobre el desempeño que puedas potenciar en tu equipo. No es necesario entrar en temas privados sobre los que tu colaborador no quiera abrirse, pero deberías facilitar una ayuda con respecto a la emoción que está bloqueando un mejor desempeño.

Bajo el proyecto FIT, ALSOL optimizó la mayor parte de los procesos vinculados a las tareas automatizables de las áreas de finanzas y recursos humanos. Esto es, contabilidad general, cierres periódicos, gestión de tesorería, auditorías, gestión de nóminas, políticas de formación y un largo etcétera. Como entenderás, simplificar y automatizar significaba también centralizar y cuando centralizas algo es que lo llevas de los diversos puntos en donde está hasta otro lugar común.

Pero nada se hizo de la noche a la mañana. Los trabajos preparatorios consistieron en que, en lugar de contratar a un ejército de consultores al auspicio de cuyos informes se impusiera una determinada forma de trabajar, fueran los propios expertos internos quienes definieran qué tipo de procesos y en qué medida eran simplificables. Como ya era práctica común, se hizo una gran reunión de lanzamiento en un hotel cerca de Bruselas a la que acudieron, procedentes de todos los países, las personas más competentes de cada área afectada. Se les proporcionó el contexto necesario, el calendario y los objetivos. Fue un trabajo de varios meses durante los que se mantuvieron reuniones periódicas, tanto presenciales en algún punto de Europa como a distancia, telefónica o en línea. El resultado final dibujó un organigrama mucho más ligero y unos procesos financieros y de recursos humanos optimizados. A cambio, se requerirían unas importantes inversiones en tecnología y afrontar una salida significativa de personas. Inevitablemente, la tecnología, la automatización, la simplificación y la centralización de tareas darían lugar a una eliminación de funciones, esto es, una reducción de personal.

Cristina, uno de los mayores talentos financieros del grupo en España, participó en aquel proyecto de simplificación en representación del departamento de tesorería para la península ibérica. Para abreviar la historia, el taller de expertos europeos de esa área, que precisamente encabezó Cristina, concluyó que todas las tareas de tesorería eran centralizables en un solo punto de Europa y manejable, a lo sumo, con tres o cuatro personas. El impacto fue mayúsculo, puesto que para entonces cada país empleaba del orden de 2 a 3 tesoreros. El trabajo teórico y práctico de aquel taller de expertos fue impecable y el grupo tomó la decisión de llevar adelante la simplificación. No hubo despidos, gracias a la buena gestión de la pirámide de edad, las jubilaciones anticipadas y las promociones laterales. Algunas salidas fueron fáciles, como las que afectaron a personas en edad de jubilación a quienes ALSOL trató con extrema exquisitez, pero la situación de la propia Cristina fue más dura. Por un lado, tendría unos cuarenta años recién cumplidos, con toda una vida laboral por delante y, por otro lado, ella misma había encabezado el panel de expertos que aconsejó esa optimización de funciones. Ironías de la vida, ella era la responsable intelectual de que su puesto de trabajo, tal como se conocía hasta entonces, fuera suprimido. Una mudanza a Portugal, donde se ubicaría la sede de todas las funciones centralizadas, no era planteable por razones familiares.

—Esos peajes fueron muy habituales a principios de los años 2000. Los centros de servicios compartidos brotaban como setas, constituyendo una realidad organizativa consolidada en muchas empresas multinacionales.

—Por supuesto Rick, ALSOL no fue una excepción. Yo mismo estuve al cargo del análisis de viabilidad. Recibí el mandato directamente de Bruselas bastante antes de expatriarme. Visité los centros de Michelin en Manchester, Bayer en Barcelona, Siemens en Lisboa y varios otros en ciudades como Praga, Budapest o Milán.

—¿No os planteasteis elegir Barcelona como sede en lugar de Lisboa?

—Estos centros nacieron con el claro objetivo de centralizar diversos servicios administrativos o de gestión de procesos en una ubicación concreta, evitando la dispersión de estas tareas en cada uno de los países en los que la multinacional opera. Aunque en España están ubicados algunos centros globales, lo cierto es que hay otros territorios donde estos tienen una mayor presencia. Las razones que están detrás de todo esto son diversas, pero entre todas ellas destaca sobremanera la de unos costes laborales más competitivos. Hace unos quince años, la agencia catalana para la atracción de inversiones internacionales hizo un trabajo sensacional, siempre alerta a las tendencias globales. Tanto es así que Barcelona casi muere de éxito de tan atractivos que eran los expedientes de inversión. Al final, a medida que aumentaba la demanda por la ciudad, se iba acotando la oferta, lo cual provocó una subida natural de precios, mayor rotación del talento, etc., llevándola a ser menos competitiva respecto de otras ciudades. ALSOL también acudió a la agencia pública, la cual hizo un gran trabajo y presentó un dosier técnicamente imbatible, pero Lisboa no sólo ofrecía un nada desdeñable ahorro del 20% en forma de menores costes laborales, sino que, por encima de todo, reunía un intangible contra el que no se podía competir; 1244 km de distancia de Barcelona, sede de la dirección general para la península ibérica. Con esa lejanía, el futuro CEO del centro de servicios compartidos se erigió como el principal valedor de la candidatura de Lisboa; se aseguraba, a efectos prácticos, autonomía plena sobre el proyecto, cosa que no habría sido posible de haber compartido la sede en Barcelona con un montón de otros directores nacionales y, en particular, teniendo al director general para la península ibérica supervisándole en corto.

—Es cierto que el mundo de las emociones e impulsos personales puede cambiar el destino de las organizaciones y, con ello, el de cientos de personas.

—Así es. Como te contaba sobre Cristina, el mundo se le hizo muy grande y oscuro. De repente, no era la misma, a pesar de lo bien valorada que estaba en la empresa, cargaba con el peso de

haber sido protagonista de aquella optimización que había afecta-
do la vida de muchos compañeros y compañeras del departamento
de tesorería. El director financiero para España me compartió su
preocupación sobre cómo podríamos ayudarla recuperar la ilusión.
Hablamos con ella, sobre sus intereses, habilidades, formación y
trayectoria, hasta que le ofrecimos cambiar de área. El departamento fiscal de las filiales españolas estaba desbordado de trabajo y
ofrecía oportunidades de aprendizaje y crecimiento. Agradecida
por la idea, le pareció un reto tan desconocido que, al momento, se
sintió incapaz de enfrentarse a él. Le dimos tanto tiempo como pidió
para pensarlo, pero antes tendría que trabajar su interior. Lo prioritario era que Cristina se reconstruyera como persona. Todo aquel tiempo visualizando el impacto del proyecto de centralización, e interio-
rizando frustraciones y miedos, la condujo a una depresión severa.

No tuvimos noticias de ella durante los tres siguientes meses,
aparte de las notas internas que, por cuestiones legales, nos pasaban los compañeros de recursos humanos; piensa que entonces no
existía ni el whatsapp, ni redes sociales, ni el correo electrónico se
utilizaba como hoy en día. Cuando nos acercamos al cuarto mes,
me llamó para agradecer la propuesta que le ofrecíamos y queda-
mos a comer en el Mandarina, ¿lo conoces? Desconozco si todavía existe; era un restaurante ubicado en una zona de la ciudad
considerada territorio emocionalmente tranquilo para ella, lejos de
las oficinas, y pudimos hablar de todos sus miedos, así como del
apoyo que tendría de los compañeros de área y de la formación
técnica que teníamos prevista para que sintiera, en todo momento,
que disponía de las herramientas y del conocimiento necesario
para desempeñar el trabajo con solvencia.

Empezó desde la base, estudió un universo nuevo para ella, acudió y superó con creces los cursos y empezó a mostrar autonomía.
Siempre estuve a su lado y no sólo terminó siendo mi mano derecha,
sino que unos años más tarde, con mi expatriación, terminó llevando

con solvencia las actividades fiscales en España mientras yo me implicaba en proyectos más globales en Bruselas, sabiendo que el día a día local estaba en buenas manos. Sin la implicación emocional, el compromiso y el vínculo construido con Cristina en aquellos momentos de dificultad, no hubiera sido posible ni su crecimiento ni mi paso de una posición técnica como abogado local a ser la persona de confianza de Karen en tareas de dirección general.

En el fondo, querido amigo, todo el mundo quiere sentirse valorado y útil. Trata de alcanzar ese vínculo emocional con tu gente y te seguirán para siempre sin prácticamente darse cuenta del porqué.

Muestra tu vulnerabilidad

Mientras muchos ejecutivos de la vieja escuela todavía creían en la invulnerabilidad del líder, Karen respondía a todo lo contrario; no le importaba romper tabús mostrando sus fragilidades.

—Este es el modelo heredado por la sociedad, Mario. Es el tipo de referentes que ocupa las portadas de los noticiarios, y la sabiduría popular sigue diciendo que no es posible que un buen líder pueda influir en el comportamiento de otros siendo un débil. Lo hemos visto recientemente, tanto en la política nacional en España, amenazándose unos a otros, como en la política internacional, con líderes globales fanfarroneando a ambos lados del planeta para ver quién puede mostrar mayor fuerza unilateral.

—Sin embargo, esta percepción convencional es una ficción que lamentablemente frena a muchos líderes a ser eficaces, tanto en política como en la empresa. No se trata simplemente de sacar conclusiones genéricas a partir del estilo de Karen, existen abundantes evidencias de que la vulnerabilidad es una competencia esencial de un buen líder: inspira más, es más auténtico y construye mejores relaciones que, a la postre, llevan a un rendimiento superior a las personas que le rodean, ¿no crees?

—Creer en un líder infalible parece una contradicción en un entorno VUCA, donde todo es tan volátil e incierto —apostilló Rick.

—Abrazar y acoger la propia vulnerabilidad implica ser valiente, afrontar tus miedos y aceptar con buena actitud que el futuro es absolutamente imprevisible, pero hay un comportamiento social que nos conduce a pensar que un líder debe ser alguien estoico, fuerte, infalible y casi refractario a las emociones.

—Es que nos socializan, educan y entrenan para desarrollar potentes mecanismos de defensa contra la vulnerabilidad, ¡cómo voy a mostrar que no lo sé todo ante mi gente! —Rick estaba claramente pidiendo ayuda.

—Hay que trabajar esas competencias. Así, a bote pronto, tampoco sé cómo ayudarte, porque esta pesada coraza ha supuesto también gran parte de mis limitaciones. Despojarse de ella es muy complicado.

—Estamos apañados. Entonces, ¿qué hacemos?

—Sólo puedo tomar como referencia mis observaciones. Como de tantas otras cosas, de esto sé muy poco pero quizá, juntos, podamos compartir reflexiones que nos permitan crecer. Lo único que puedo afirmar es que cuanto más cualificado es un líder en el término clásico, más sofisticados parecen esos mecanismos de defensa. Pienso que alguien que esconda sus emociones es incapaz de liderar de modo eficiente y, francamente, con el corazón abierto de par en par, no tengo dudas de haber fallado en muchas ocasiones.

—Ya te he dicho que, aunque parezca que no destiñes, he visto el verde de tus ojos brillar de ilusión y los he visto enrojecidos en lágrima viva de frustración, así que a mí no me engañas. Eso sí, no te vendría nada mal reconocer errores, cuestionarte comportamientos y no ocultar tus emociones tras esa fachada, a menudo rígida.

—Una vez tuve una conversación con Noah Martijn —ya sabes, el gurú sobre liderazgo que nos ayudó en diversas ocasiones en ALSOL— sobre este mismo tema y me recomendó leer a Nick Duffell, autor de *Wounded Leaders; British Elitism and the Entitlement Illusion*, quien afirma que la educación de la élite en el sistema de internados británico ha dejado el país con «un elenco de líderes que perpetúan una cultura de elitismo, intimidación y misoginia que afecta a toda la sociedad».

La teoría que expone resulta interesante porque, como venimos diciendo, concluye que la gente tiende a seguir a sus élites. El autor indica que las élites británicas son separadas de sus padres desde pequeños al ser enviados a los internados. Allí, los niños descubren los abusos, la supervivencia del que mejor se adapta y la ley del más fuerte de tal modo que, para no sufrir demasiado y no ser condenados al ostracismo, aprenden a «endurecerse», esconder y negar sus emociones, aspecto que luego refuerzan en la universidad. Afirma que Gran Bretaña ha dejado emerger una cultura y un modelo de liderazgo de invulnerabilidad extendido al resto del mundo occidental, donde mostrar emociones es signo de burla y debilidad.

El libro es bastante radical, pero sin duda se puede trazar un paralelismo con la cultura y el liderazgo empresarial, no sólo de Gran Bretaña, sino de cualquiera que responda a ese estilo de élite trasnochada, venga de donde venga. Duffell cita cinco razones que limitan a los líderes con problemas emocionales:

1. Tener que repudiar los sentimientos, la ternura, toda forma de flaqueza, de manera tan severa durante la infancia, significa que ven toda vulnerabilidad como una amenaza. En consecuencia, su personalidad se organiza de manera hiperdefensiva. Los líderes que actúan de esa manera crean una cultura de «distancia de poder»; esto es, una cultura de alto control y bajo nivel de confianza en la organización.

2. Los seres humanos no podemos tomar buenas decisiones cuando somos incapaces de acceder a nuestros sentimientos y emociones. En esas condiciones, es difícil mantener relaciones auténticas. Todos hemos visto líderes aparentemente tan «perfectos» que son incapaces de darse cuenta de los rasgos de su comportamiento que provocan rechazo. La razón está en que su propia gente se distancia de ellos porque piensan que no son naturales, que no son de fiar o que son unos manipuladores.

3. Los neurocientíficos han demostrado que concebir el mundo de un modo sesgado, únicamente a partir del hemisferio izquierdo —racional, lógico, factual—, presenta un mundo conceptual en el que las personas pueden ser fácilmente tratadas como si fueran objetos. Tratar a las personas como cosas, como una anotación contable —¡tu mejor activo!, dicen—, refuerza el antiguo modelo de liderazgo piramidal y jerárquico, limitando severamente la capacidad de crear una organización inteligente, donde las personas estén completamente comprometidas con un fin superior, con un propósito en el que crean.

4. Cuando alguien con esa «personalidad de supervivencia estratégica» se siente amenazado, reacciona instantáneamente con agresión e intimidación, en lugar de calma, curiosidad o autorreflexión. Mientras que los líderes narcisistas pueden resultar encantadores al principio, terminan por volverse inevitablemente dañinos y son incapaces de liderar desde los valores, porque no tienen capacidad de recibir y ofrecer *feedback* con amabilidad, ni les mueve la curiosidad ni la voluntad de servir a los demás.

5. Un racionalismo extremo convierte todo aquello que no sea racional en objeto de burla o desprecio, generando miedo y distanciamiento en los demás. El sentido del humor es un

mecanismo poderoso y positivo de los equipos, mientras que la burla y la crítica son destructivos.

—Da que pensar, la verdad —Rick estaba abstraído, como buscando inspiración en aquel mar de nubes desplegado frente a la ventanilla.

—Digo yo que no todo lo que dice el libro de Nick Duffell será aplicable a la gran comunidad de líderes del mundo, pero es una forma acertada de llamar la atención sobre esos puntos. En todo caso, deberíamos anotar estas reflexiones con la esperanza de comprender mejor las limitaciones de aquellos que sufrimos cierta «discapacidad emocional», al mismo tiempo que nos ayuden a liberarnos de nuestra coraza y a estar en paz con nuestro yo emocional.

Respalda a tu gente

Noviembre de 2013. Bruselas. IMPULSO estaba progresando según lo previsto y el año había empezado con buenas perspectivas de negocio, pero el segundo semestre puso de manifiesto ciertas debilidades. El contexto mundial era difícil y el sector químico no estaba dando los resultados esperados por los inversores. Al mismo tiempo, se estaba encallando la adquisición de un negocio menor —unos 475 millones de euros—, muy interesante por su actividad en un nicho de mercado con muy buenos márgenes. La sensibilidad era doble; por un lado, estaba el impacto en el valor de cotización de ALSOL, puesto que esa adquisición ya había sido anunciada y el retraso fue motivo de dudas por los mercados. Por otro lado, ese medio millardo de euros estaba inmovilizado en una posición luxemburguesa que ofrecía poco rendimiento financiero al exigirse que hubiera disponibilidad de liquidez casi inmediata para el momento en que llegara la luz verde del departamento de M&A. Motivo adicional de disgusto.

Karen no pestañeó en ningún momento frente a la presión de los accionistas. Todo lo contrario, juntó a todos los miembros de los equipos corporativos de M&A, de tesorería y la presidencia del negocio responsable de la adquisición y los animó a continuar trabajando con la dedicación y calidad demostrada hasta el momento. Tenía muy bien estudiadas las operaciones de inversión y desinversión materializadas hasta entonces, recordando su magnífico desempeño ante las dificultades que ya tuvieron que superar en otras ocasiones. En lugar de hostigar, Karen aprovechó ese momento para hacer saber a todas aquellas personas lo satisfecha que estaba con ellas.

Animar a los compañeros de antemano incrementaba las posibilidades de lograr el objetivo en comparación con elogiarles a posteriori o, dicho de otro modo, ¿por qué esperar hasta que se haya hecho algo bien para decir precisamente lo que ya todos saben, que lo han hecho bien? Eso no hubiera aportado ningún valor. Karen era exigente, pero también practicaba el elogio activo. Al estar tan segura de sí misma, no le costaba repartir elogios cuando lo consideraba justo. Se notaba que estaba a gusto consigo misma y con el cambio, cada vez más asentado en ALSOL. Cuando alguien no está a gusto consigo mismo, no puede repartir elogios con anticipación porque, al dudar de uno mismo, duda de sus equipos. Una muestra de apoyo y confianza de este calibre, ante la presión de los inversores, era un espaldarazo al equipo. Cuanta más responsabilidad daba a la gente, más confiaba en las personas, más las elogiaba, más las animaba, más recibía a cambio. Ninguna persona quiso defraudar a Karen, ni defraudarse a sí misma.

Karen supo cohesionar un equipo de grandes profesionales a su alrededor. Era muy consciente de que, sin su Leadership Team, ella era poco más que una página vacía a la espera de ser escrita dentro de aquel siglo y medio de historia repleto de épica. Por eso apoyó siempre al equipo, lo alabó y luchó por él frente a todas las presiones posibles. Aprovechó cada momento para que su equipo viera que no sólo era la líder, sino también mentora, protectora y la primera causante de todas las acciones. Si alguien era criticado, Karen salía en su defensa, sin perjuicio que luego se hicieran las reflexiones internas pertinentes.

Busca soluciones, no culpables

El cierre del año fue difícil con aquella desaceleración económica. En lugar de seguir creciendo, el grupo se debilitó en las áreas de negocio más tradicionales. Además, la transformación de la cartera del grupo, desinvirtiendo en todas las *commodities*, sufrió un nuevo frenazo.

El proyecto PATAGONIA consistía en vender las filiales del sector plástico en Argentina y Brasil, valoradas en 350 millones de euros. La convicción con la que se iniciaron las negociaciones con los principales actores del sector en Sudamérica y la presión que Karen impuso a los compañeros de M&A condujeron a que el equipo de contabilidad, tras analizar la información compartida por la dirección de M&A, decidiera registrar aquellos activos para venta. Esa era una decisión de cabal importancia puesto que, por un lado, suponía pasar un mensaje directo a la bolsa informando de que la operación se haría ese mismo año; de lo contrario, no sólo no se podrían registrar los activos para venta, sino que, de no materializarse en ese mismo año, se debería retrotraer la operación, generando desconfianza en los mercados. Por otro lado, la cuenta de explotación reflejaría un beneficio. Ambos factores desencadenarían una mejora en el valor de cotización de ALSOL

Antes de que terminara el tercer trimestre, empezaron los rumores sobre las dificultades de la negociación. El comprador prioritario, un gigante brasileño, era perfectamente conocedor de que el 31 de diciembre suponía una espada de Damocles que pendía sobre la cabeza de ALSOL, de modo que aprovechó esa posición de fuerza para hacer una propuesta muy ajustada a la baja. Si bien a nadie le gustó ese talante, la transformación pasaba por delante de la cuenta de explotación así que se aceptó continuar con la negociación y cerrar la operación en el calendario previsto. Sin embargo, ¡cuál fue la sorpresa cuando al reflejar la operación en contabilidad, esta daba lugar a una pérdida de más de 80 millones de euros!

Tras muchos nervios, tensión y un par de noches sin dormir, se identificó que la razón de aquel descuadre era una discrepancia de las provisiones registradas en contabilidad, lo cual puso de manifiesto que la información de base para las negociaciones utilizada por la dirección financiera no era correcta. La venta pasaba de dar un pequeño beneficio a una gran pérdida. Karen paró la operación y convocó un Consejo de Administración extraordinario con carácter de urgencia.

Tras varios intentos por corregir la tendencia, llegó el momento de reconocer que el proyecto no seguía el camino previsto y corría el riesgo de fracasar. El modo en que los directores implicados habían planteado el proyecto había sido objeto de dudas desde el principio, cada uno actuando desde sus silos, por lo que se esperaba una conversación desagradable con Karen. Sin embargo, para su sorpresa, esta reaccionó de manera muy diferente a como tenían por costumbre los ejecutivos del pasado. Como si Karen lo hubiera visto venir, pidió revisar las opciones disponibles para sacar el máximo provecho del trabajo hecho. Ni se quejó ni discutió sobre lo que el equipo podría o debería haber hecho. En cambio, propuso una sesión de trabajo a modo de tormenta de ideas con todos los implicados a fin de analizar todas las posibilidades de modo exhaustivo. Tras esa sesión, alcanzaron sus conclusiones sobre los escenarios más prometedores y acordaron las acciones inmediatas que se presentarían al Consejo de Administración.

Se decidió no ceder en las negociaciones de venta y replantear las valoraciones. Aquel 31 de diciembre llegó sin esperar a nadie y se tuvo que retrotraer la anotación de activos para venta, con su correspondiente efecto negativo en los mercados. Esos días fueron de alta tensión en ALSOL, podrían haber supuesto la sentencia para el director de contabilidad pero, en cambio, todos se centraron en buscar soluciones, no culpables.

Tu equipo te hace mejor

Karen se preparó para defender el plan frente al Consejo de Administración. Para practicar, los miembros del Leadership Team con mayor disponibilidad sirvieron de audiencia. Detectaron incongruencias y lagunas. Repasaron la presentación varias veces desde múltiples perspectivas, mejorando en cada ensayo. Karen aprovechó aquellas charlas, sobre todo, como un modo de anticiparse a las posibles preguntas y tratando de determinar cuál podría ser la mejor respuesta. Pidió a todo el equipo que le preparara las respuestas que no podía discernir ella sola. Así, cuando se presentó ante el Consejo de Administración no fue sólo armada con un sólido plan, sino que tenía material exhaustivo, desarrollado a través de las muchas iteraciones que tuvo con el Leadership Team. Ese modo de trabajar de Karen, fomentando el pensamiento colectivo, era tal que las propias reuniones del Consejo mejoraron significativamente con el tiempo. Durante el primer año, la atención se había centrado en los números. Entonces, Karen fue principalmente interpelada sobre cómo se había llegado a ellos y si debieran ser más altos o bajos. En ese momento había poco margen para tratar sobre las distintas opciones de futuro del negocio. Al año siguiente se hizo hincapié en los principales mercados y proyectos de I+D. Se facilitó información tan detallada sobre desafíos, oportunidades, clientes clave, revisiones de la organización y el enfoque de mercados como la automoción, la salud, la energía y otros, que, al conectar toda esa información con iniciativas específicas, los miembros del Consejo de Administración se formaron una mejor opinión sobre la estrategia general de la dirección y su plan de implementación.

Con la cuidadosa selección de los asuntos a tratar y una preparación impecable, Karen y todo el Leadership Team lograron que el Consejo de Administración tuviera siempre una excelente comprensión operativa del negocio. Esto permitió que se hicieran cada vez menos preguntas sobre conceptos básicos, la robustez del plan o la razonabilidad de los números. De este modo, las reuniones del Consejo evolucionaron pronto hacia temas mucho más estratégicos como la expansión geográfica, la integración de los distintos negocios, las empresas que podrían ser objetivo de una potencial adquisición, el cambio de los productos en cartera, etc. Ahí es donde el Consejo de Administración mostraba todo su potencial; además de sus propias responsabilidades ejecutivas o académicas, ostentaban múltiples otros cargos; uno era miembro de la Comisión Internacional para la Paz y la Prosperidad (International Commission of Peace and Prosperity), fundada por David Rockefeller, más conocida por Comisión Trilateral; otro era el presidente de una conocida marca de automóviles francesa; otra era una científica Premio Nobel de física, así hasta doce nombres ilustres. Por supuesto, el Consejo de Administración también reflejaba la cuota de ejecutivos que representaban a la familia fundadora. Con su amplia experiencia y conocimiento de las macrotendencias y los movimientos de la industria, los miembros del Consejo ahora podían ofrecer perspectivas estratégicas. Al conocer mejor los antecedentes y las circunstancias, se sacó mayor provecho de todos sus contactos personales del mundo de la empresa, la política y la sociedad a fin de establecer nuevas relaciones y acceder a nuevos clientes y asociaciones estratégicas para ALSOL. En pocos años, la comunicación con el Consejo había dado un paso de gigante en cuanto a la calidad del contenido, a la vez que los dosieres y presentaciones se redujeron a tres cuartas partes menos de páginas. Este fue un excelente ejemplo de cómo mejorar la calidad de las interacciones, incluso al más alto nivel, gracias a la buena preparación y al reconocimiento de las aportaciones de todos.

Respeta las diferencias

¡Suerte de tener a Giulia! Karen, que estaba casada en terceras nupcias, era madre de cinco hijos. Poco antes de su llegada a ALSOL nació Max, fruto de su relación más reciente. No había cumplido ni tres añitos cuando ALSOL fichó a Karen. Efectivamente, había decidido ser madre con su nueva pareja a pesar de las recomendaciones médicas. Los tres hijos del primer matrimonio estaban en sus primeros años de universidad; las dos gemelas, Elsa y Jamila, se habían quedado residiendo en Inglaterra y el tercero, Andrew, era un prometedor golfista becado en Estados Unidos. Olivia, fruto de su segundo matrimonio, era una adolescente apasionada por la moda que aprovechó la mudanza de su madre para dejar atrás las inmediaciones de Londres e instalarse en París, matriculándose en una reconocida academia de diseño. Era una chica espabilada, con ganas de comerse el mundo a sus dieciséis años recién cumplidos. En cualquier caso, a París y Bruselas sólo las separaba poco más de una hora y media en tren de alta velocidad y las segundas oficinas centrales más importantes del grupo estaban en la capital francesa, con lo que Karen la visitaría con frecuencia.

Entre otras muchas dedicaciones, Giulia fue la discreta artífice de facilitar la gestión de toda aquella dimensión familiar. Karen y sus hijos, a pesar del escaso tiempo que compartían y las diferentes opciones de vida elegidas, funcionaban como un equipo. Karen y Giulia también. Desde su llegada, había transmitido un par de consignas a Giulia sobre la importancia de sus hijos en su vida, completamente distintos y cada uno crecido con sus propias circunstancias. Podía quererlos a todos por igual pero no tratarlos de la misma manera. Giulia, italiana de pura cepa, no entendía demasiado bien aquel desbarajuste amoroso, pero en este aspecto, sirvió a Karen como si de sus propios hijos se tratara.

—Si aplicas las mismas reglas, tendremos un motín o el caos. Cada uno tiene sus necesidades y distintos biorritmos —fue la primera instrucción—. A Andrew tenemos que seducirle, atraerle con propuestas que le tienten para venir a los encuentros familiares. Elsa, en cambio, es un torbellino que requiere mucha más atención de la que puedo dar de forma espontánea. Tengo que respetar y trabajar con sus diferencias individuales. Simplemente tengo que hacerlo.

Algunos compañeros del Leadership Team se preguntaban si aquella forma de Karen gestionando las emociones familiares tendrían su traducción en el liderazgo del equipo. Efectivamente, cada miembro del Leadership Team respondía a su particular patrón de comportamiento. Algunos miembros eran más impulsivos, otros tomaban su energía desde la reflexión, algunos necesitaban el intercambio constante. Así también cada miembro de los equipos directamente dependientes de ese comité de dirección. Para comprender mejor estas herramientas comportamentales, toda la dirección participó en varias sesiones de MBTI (Myers-Briggs Type Indicator). Hay múltiples métodos, algunos más completos y otros más sencillos, pero con los MBTI tenían muy bien cubierto el mapeo de personalidades.

La razón tras eso es que, como individuos, al vivir más en un mundo de personas que de cosas, nuestra capacidad para entender a los demás determina la calidad de nuestras relaciones. El MBTI, como herramienta para comprender a los demás, proporcionó un conocimiento básico de la razón por la que las personas actúan como actúan, lo cual ayudó a los miembros del Leadership Team a interactuar mejor entre ellos y con sus equipos, minimizando el riesgo de fricciones o disputas que interrumpieran el progreso de los trabajos. El mayor beneficio de saber tipificar a los demás fue simplemente ser capaz de entenderles con mayor facilidad. Al saber de dónde venía una decisión o el origen de un proceso cognitivo de una acción u opinión, fueron más capaces de entender otros puntos de vista y, por lo tanto, fueron más capaces de respetarse y apreciar opiniones distintas.

Así, cuando al presidente de auditoría interna, de naturaleza mayormente racional, le pareció totalmente obvio despedir a una joven portuguesa, responsable de auditoría interna para el sur de Europa, sin pensarlo dos veces, a Mario, mucho más emocional, le pareció despiadado y buscó todas las opciones posibles para evitarlo, hablando sobre las posibilidades de mejora con las partes afectadas e implicando a la dirección general de talento. Antes de los ejercicios MBTI, se habría producido un súper enfrentamiento entre la dirección de auditoría y Mario, de aquellos que se enquistan. Por un lado, porque el director era muy senior y se trataba de su línea funcional. Por otro lado, porque Mario, mucho más joven, a pesar de estar entrando en una decisión que afectaba al departamento de auditoría, estaba preocupado por el impacto que ese despido podría tener en la cohesión interna y la adherencia de procesos, una de las tantas líneas transversales bajo su responsabilidad. Al final, no sólo se evitó mayor fricción, sino que colaboraron para comprender las razones de aquel bajo rendimiento, descubriendo que la joven portuguesa estaba siendo acosada por un compañero, a quien procedieron a despedir de forma fulminante.

En definitiva, se trataba de entender las diferencias comportamentales de cada uno. Todos en el equipo tenían algo diferente que ofrecer, y esas diferencias hacían que la complementariedad del equipo fuera excelente.

No sólo Karen, sino todos respecto de cada compañero del Leadership Team y frente a sus equipos de departamento, aprendieron a ser sensibles a cada individualidad; comprender que hay compañeros extrovertidos, a quienes les gusta ser elogiados en público, y otros más tranquilos e introspectivos, que prefieren que les digan que están haciendo un buen trabajo en privado.

Cuando Karen necesitaba hacer algo rápido, sabía a quién llamar. Si necesitaba un enfoque más lento y metódico, seleccionaba a otro miembro del Leadership Team.

Por supuesto que alguno intentó salirse con la suya aprovechando que Karen era sensible a las diferencias, pero venía muy entrenada y supo mantener las reglas de disciplina en su lugar; se trataba más de la forma en que manejaba las diferencias individuales, la forma en que asignaba tareas y la forma en cómo esperaba que se hicieran.

Sé honesto con las promociones

Otro gran cambio aportado por Karen respecto al anterior estilo de liderazgo afectó a las promociones. Hasta entonces, Mario había tenido la ocasión de abordar este asunto de muy distintas formas. Casi tantas como personas había tenido bajo su responsabilidad, y eso quería decir una gran variedad de personalidades pues, dejado atrás el alcance más local y técnico de los primeros años en el grupo, su perímetro de responsabilidad abarcó personas desde Argentina hasta Japón, desde recién licenciados a otros que estaban ya en el ocaso de su vida laboral, con todo tipo de trayectorias, experiencia, formación, potencial, etc. A pesar de todas las diferencias, finalmente el jefe determinaba, en solitario y con muy pocas injerencias, quién merecía promocionar. A veces, como mucho, solicitaba opinión a la dirección de recursos humanos. En algunos casos, intervenía un denominado Comité de Promoción que se reunía ocasionalmente, cuyos miembros eran rotatorios y los criterios utilizados desconocidos. Por supuesto, había un procedimiento de reconocimiento al desempeño, unas matrices de evaluación y un espacio anual, al menos una vez, sino dos, para conversar sobre la evolución profesional de cada uno con su inmediato superior jerárquico. Aun con todo, eso parecía dejar de aplicarse a medida que uno escalaba a posiciones de mayor responsabilidad. A partir de entonces, acumular muchos años en la empresa o en un mismo puesto contaba mucho más, aparentemente, que el talento en sí.

En cuanto a esas decisiones, Karen impuso un cambio obligando a que la agenda del Leadership Team incluyera, varias veces al año, debates profundos sobre promociones que afectaran a las posiciones de mayor responsabilidad, que se discutiera el plan de carrera de los profesionales identificados de «alto potencial» y se planificara la sucesión de las posiciones clave. Cada propuesta de promoción debía prepararse con rigor y en base a una plantilla que hacía más ecuánime y objetiva la información relevante para tomar una decisión. En la reunión, el miembro del Leadership Team de cuya área dependiera el talento a promocionar tenía que presentar y defender su caso. Luego se discutía entre todos. Este proceso supuso un nuevo aprendizaje para Mario que, de repente, pasó a despachar las promociones con cada uno de los miembros del Leadership Team antes de incluirlas en el calendario de reuniones, evaluar si era el momento idóneo, la prioridad estratégica y considerar las probabilidades de aceptación de la propuesta por aquel órgano colegiado. Al principio, que Mario asumiera dicha función fue acogido con cierto recelo por parte de algunos compañeros de equipo, como si él supusiera un peldaño más o una barrera al trato directo con Karen. Con el tiempo, se valoró que las conversaciones con Mario ayudaban a preparar mejor los expedientes, a apreciar las habilidades transversales del candidato más allá de sus capacidades técnicas y que, por tanto, las posibilidades de éxito incrementaban, lo cual tenía no pocas consecuencias; el rechazo de una promoción en sede del Leadership Team por una inadecuada preparación o a una candidatura floja podía truncar la carrera del candidato, pues raramente se le daría una nueva oportunidad. Volver a Mario con un expediente más sólido era posible; permitir ese espacio de mejora formaba parte de su trabajo, pero presentar de nuevo al Leadership Team una promoción que ya hubieran rechazado era una tarea titánica y, en todo caso, un flaco favor al candidato y un coste de tiempo precioso para la empresa.

En comparación con las experiencias del pasado, este proceso estructurado y transparente mejoró los resultados casi de inmediato. Las solicitudes pasaron a estar bien razonadas y las incongruencias se revelaban rápidamente. Como cada etapa del proceso era transparente y conocida por todos, la organización percibió enseguida, en términos globales, que las conclusiones alcanzadas eran más justas. Además, el proceso en sí operaba como control de calidad, conduciendo a propuestas de promoción más razonables y evitando caer en el defecto inflacionista de crear cargos inútiles, tan típico de las grandes organizaciones e instituciones públicas.

No evites conversaciones difíciles

Los retos difíciles fueron incontables, así como también el fruto de muchas pequeñas acciones. Con aquel cambio de mentalidad, el Leadership Team había impulsado a la empresa y a las personas a crecer y progresar de un modo imparable. A su vez, ellos eran los primeros que estaban bajo la presión de la mejora constante y se dieron cuenta de que, dentro de todo lo positivo, ellos también eran parte de un problema. Como equipo, habían mejorado continuamente, trabajando de forma cada vez más cohesionada y con mayor confianza mutua. Karen había estimulado esta evolución mediante reuniones fuera de la oficina, sesiones de *feedback* periódicas, comidas informales, etc. Como equipo, habían llegado a aquel punto en que lo peor de fracasar en cualquier proyecto era la sensación de decepcionar a algún compañero.

Como tantas veces antes, no sorprendió que empezaran cuestionándose ellos mismos sus dinámicas de trabajo y el efecto que generaban a su alrededor. Eran muy conscientes de la visibilidad e impacto del Leadership Team en toda Alchemy Solutions y, por lo tanto, trabajaron directamente entre ellos, en reuniones de evaluación y de revisión recíproca. A pesar del apoyo bienintencionado de todos, de los méritos acumulados aquellos años y del mucho crédito del que gozaban, cada uno de los miembros del Leadership Team se sintió desafiado por tener que ajustar su estilo de dirección. Incluso fue irrelevante que sus capacidades como directivos hubieran mejorado notablemente a lo largo de los años, puesto que, de algún modo, se sintieron expuestos frente a una potencial pérdida de poder. Reaccionaron a la defensiva, algo cerrados, hasta que empezaron a expresar sus propios sentimientos y su visión de hacia dónde debían evolucionar las capacidades de gestión de la empresa. No todas las decisiones debían recaer siempre en el Leadership Team. Eso limitaba su área de acción, las de sus equipos e impedía que la decisión adecuada se tomase al nivel de la organización donde era mejor hacerlo. Ahora dedicarían más tiempo a formar a las personas en sus equipos para que comprendieran mejor la gestión transversal y no sólo desde su responsabilidad funcional o técnica, lo que les debería permitir alcanzar mejores conclusiones de forma independiente.

En consecuencia, el Leadership Team comenzó a delegar con mayor naturalidad, progresando aún más como organización. Pequeños y grandes detalles marcaron la diferencia; como, por ejemplo, incrementar el importe de gasto que podían decidir las personas en cada estadio jerárquico. Las preguntas sobre las que se esperaba una respuesta de arriba serían rechazadas con mayor frecuencia. Karen recordó a Mario que parte de su misión era ayudarla a acelerar su impacto en el Leadership Team en primera instancia, puesto que, a pesar de la experiencia que atesoraba cada uno de ellos, siempre llamaban a la puerta de Karen para la decisión final.

—Debo suceder a un liderazgo de otros tiempos —dijo Karen—, en que retar al jefe no estaba bien aceptado y, aunque lógicamente le correspondía la última palabra, no se le podía contradecir.

—Pero todos los compañeros del Leadership Team aportan una extensa trayectoria ejecutiva de casi treinta años en su inmensa mayoría —exclamó Mario, relativamente nuevo en esas lides.

—En el equipo, lo que yo veo es una decena de líderes de área, vicepresidentes del grupo con todo el peso de la palabra, veteranos y expertos, pero temerosos, llamando a mi puerta para que yo tome hasta la decisión más minúscula, en cuyos detalles ellos son mucho mejores que yo. Tengo una capacidad limitada para contribuir a todos ellos con una opinión formada sobre todos los asuntos. Tenemos que cambiar esta compañía, esta mentalidad, transformar el grupo en una organización imparable y necesito ayuda. Me han dicho que eres un diamante oculto que puede brillar mucho más ¿Quieres acompañarme? —Mario recordaba aquella primera conversación con Karen al conocerse, recién salido del INSEAD, en el frío invierno del año anterior.

Ahora, consolidada esa mentalidad a nivel de Leadership Team por la intervención de Mario y la transformación de las dinámicas de equipo, debía expandirse a lo largo de toda la organización. Trasladaron a cada uno la necesidad de comprometerse con lograr el objetivo, más allá de dotarse de un listado más o menos exhaustivo de tareas: «Esto es tu negocio. Estoy aquí para opinar y ofrecer consejos, pero la decisión final debe ser tuya».

No se trataba de evitar conversaciones difíciles con la gente. Más bien de ayudar a las personas a crecer, a adquirir otras habilidades complementarias. Es cierto que inicialmente fue una batalla diaria, muy cuesta arriba, con todo el mundo acostumbrado a operar bajo un código jerárquico claramente definido. El mensaje caló rápidamente y todos empezaron a aligerar su carga operativa diaria a fin de dedicar más tiempo a pensar e implementar estrategias sobre cómo querían que evolucionara su negocio, al menos en su área de influencia más directa.

Celébralo a lo grande

Lograr un beneficio de casi tres mil millones de euros no era algo que fuera a suceder de un día para otro. Los resultados mensuales seguían mejorando y, a la vuelta del verano, ya se pudo pronosticar, de un modo bastante fiable, que se alcanzaría el objetivo. Para cuando llegara ese momento, Karen había estado preparando un gran evento. Le había dedicado muchas horas con su equipo más cercano, si bien muchos de los detalles eran desconocidos incluso para el Leadership Team. Sólo Mario, como jefe de gabinete de Karen, estaba al corriente de todos los pormenores. Sus compañeros le presionaban con indirectas, intentando sonsacar alguna pista: «Cuando lleguemos al objetivo, todos a Ibiza o alguna isla griega para celebrarlo durante una semana seguida». Era una posibilidad que los compañeros del Leadership Team consideraban verosímil. Mario había viajado a ambos lugares en visitas relámpago las semanas anteriores, aunque por razones muy distintas. Por un lado, había estado recientemente en Ibiza para la despedida de soltero de un buen amigo que conservaba de su época en aquel despacho de abogados de Barcelona. Por otro lado, hacía relativamente poco, Mario había pasado una semana de trabajo entre Atenas y el Cabo Sunio, frente al Templo de Poseidón, uno de los principales monumentos de la Edad de Oro de Atenas, alzado a una altura de casi 60 metros sobre el mar. La discreción con la que Mario llevó aquellos viajes hizo pensar a sus colegas que había ido en misión exploratoria para decidir el lugar del evento y arreglar los detalles. Poco después supieron que allí se había celebrado el seminario anual de los «European Young Leaders» —con personajes como el inefable Yanis Varoufakis; el entonces ministro, luego comisario europeo, Dimitris Avramópulos; representantes de Morgan Stanley; Sony Kapoor, asesor de Angela Merkel sobre el denominado Grexit y que, más tarde, acompañaría a Mario en su Consejo del Congreso Mundial de la Química, y otros representantes de las artes, la comunicación, la cultura, la ciencia y la política—, y que el motivo del viaje de Mario era que había sido incluido en esa lista de los cuarenta jóvenes líderes europeos del año por su impacto en el mundo de las organizaciones y la sociedad.

No se fueron tan lejos, ni tampoco Karen había organizado unas minivacaciones. Naturalmente, festejarían el logro, pero también tratarían los resultados del ejercicio y planificarían a fondo el año que tenían por delante. Sin embargo, para coronarlo todo, habría una macrofiesta. Bajo el liderazgo directo de Karen, se formó un grupo de trabajo especial encargado de desarrollar un evento del que la gente siguiera hablando años después. El equipo, incluido Karen, fue al lugar varias veces para evaluar sus instalaciones y las oportunidades que brindaba. Un resort con todas las comodidades a la orilla del mar del Norte. Allí se reunieron con el organizador de eventos, nada más y nada menos que el famoso «Cirque du Soleil», y juntos diseñaron un espectáculo impresionante y totalmente personalizado, al que llamarían «la Química de los sueños», representando el maravilloso y misterioso mundo de la industria a la que ALSOL pertenecía.

En el evento participaron especialistas y proveedores de todo el mundo. No menos de 120 artistas internacionales para dar forma a aquella producción masiva. Se creó una impresionante carpa de 18 metros de altura que sirvió como escenario para los acróbatas y láseres que recrearon hermosos efectos de luz, en una obra personalizada que conducía al público por un viaje de ilusiones y progreso y que contó con la presencia de la familia real y más de mil asistentes procedentes de todo el mundo.

Finalizado el espectáculo, se abrió una pista de baile, dando rienda suelta al momento más distendido de la mano de una reconocida banda de rock. Todo estaba planeado hasta el más mínimo detalle, incluidos los fuegos artificiales de medianoche.

Fue un gran éxito. La gente esperaba algo fuera de lo común con el que cerrar el año 2014 y, con ello, aquel ciclo. Meses después, todavía se hablaba del espectáculo, la banda, el ambiente y de cuánto lo habían disfrutado. En cuanto a Karen, intervino muy poco, sólo al principio, a modo de apertura de la fiesta con algunas palabras de agradecimiento por el largo y arduo trabajo de todos. Aparte de eso, siempre se la vio discretamente mezclada entre la multitud, divirtiéndose y sin mostrar demasiadas reservas. Los últimos asistentes desayunaron con la salida del sol. Realmente, celebraron los resultados a lo grande.

A pesar de controlar rigurosamente los gastos en cada ocasión, Karen dejó muy claro que, en este caso, no había querido escatimar costes ni esfuerzos para recompensar a su gente. Más allá de las palabras, el evento demostró el inmenso aprecio de Karen por su equipo y por el compromiso mostrado durante años. La fiesta se hizo famosa en la industria. Años más tarde seguirían hablando de ella, incluso los que no habían asistido.

TÚ COMO LÍDER EMOCIONAL

Emoción viene del latín *emotio*, que significa «impulso» y son reacciones a diversos estímulos por parte del individuo. Se trata de estímulos de diversa índole (objetos, situaciones, personas, palabras, etc.) que, una vez percibidos por una persona, producen en ella un impulso a actuar, a hacer algo. El miedo, por ejemplo, nos invita a pensar que algo que es importante para nosotros merece una acción adecuada para protegerlo o para mejorar. Sabemos a través de la neurociencia que las emociones fijan los recuerdos en nuestro cerebro y que son fundamentales en la memoria y en la motivación.

A estas alturas, no se entiende un directivo que únicamente gestione un conjunto de tareas técnicas. Obviamente, resulta necesario gestionar un equipo, planificar, fijar objetivos, determinar indicadores de progreso. Pero hoy en día, cualquier mando o directivo debe añadir a la función de gestión la de liderazgo. Un liderazgo, como vas viendo, que nada tiene que ver con los obsoletos dirigentes mesiánicos, sino con la transmisión de valores y cultura de empresa, fijación del rumbo, inspiración y desarrollo del equipo.

Karen nunca utilizó frases y relatos vacíos. En todo caso, no con la asiduidad de otros líderes más preocupados en ocupar portadas. Desde su autoconocimiento y habilidades relacionales fue superando todas las barreras hasta alinear al equipo. Con mucha empatía por encima de todo. Para ello también se sirvió de Mario y su capacidad para comprender y sintonizar con las emociones ajenas. A diferencia de sus predecesores, Karen supo gestionar y orientar las emociones de su equipo hacia la ruta que se había marcado, extendiéndose a toda la organización.

No sólo fue capaz de compartir su propósito, sino que condujo emocionalmente al Leadership Team, facilitando la generación de alternativas a través de preguntas poderosas y diálogos de reconocimiento. Si liderar es inspirar una acción conjunta y la emoción nos lleva a la acción, Karen hizo algo fundamental para la mejora del rendimiento del equipo: emocionar.

Lo que hace un líder emocional:

1. Vive tu propósito y hazlo visible. Construye y comparte un propósito común porque las personas requieren de un propósito para sentirse realizadas. Pon en juego tu empatía y desarrolla tus habilidades sociales; dispararás la cooperación con los demás. Deja claro cómo quieres que funcione tu organización, desde el primer momento. Identifica los hábitos y comportamientos que no deseas ver en tu negocio y traza un plan de cambio para eliminarlos. De lo contrario, serán una de las principales causas de fricción e ineficiencia.

2. Implícalos emocionalmente. Conoce tus propias emociones y aprende qué significa cada una de ellas para entender cómo impactan en tu jornada diaria. No ignores tus límites. Cuanto más te conozcas, más efectivo serás en momentos críticos o de estrés. Lidera mejor aquel que consigue generar las emociones adecuadas en los demás, que su equipo se sienta seguro, acompañado, importante y entusiasmado. No escondas tus emociones al equipo. Si tú sabes cuándo un colaborador tuyo siente ansiedad, alegría o enfado, ¿qué te hace pensar que tu equipo no lo sabe cuándo te pasa a ti? Cuando compartes las emociones con tu equipo, desde la humildad, puedes derribar muchas barreras.

3. Muestra tu vulnerabilidad. Un líder vulnerable inspira más, es más auténtico y construye relaciones que llevan a un rendimiento superior a las personas que le rodean. El líder infalible genera distanciamiento y es una contradicción en un entorno donde todo es volátil e incierto. Ya es hora de irse quitando la coraza, ser valiente y mostrar emociones.

4. Respalda a tu gente. No sucumbas a la presión popular y distingue cuáles son las mejores decisiones para el conjunto de la organización. Gestiona a tus colaboradores y sus carreras anticipándote a sus movimientos. No caigas en la tentación de hacer lo más aplaudido, sobre todo cuando te encuentres ante situaciones difíciles

5. Busca soluciones, no culpables. Los malos directivos tienden a culpar a todo el mundo cuando las cosas van mal y a evadir sus responsabilidades. El verdadero líder se pone inmediatamente manos a la obra para buscar soluciones a los problemas y para saber qué ha fallado con el objetivo de no volver a cometer el mismo error en el futuro.

6. Tu equipo te hace mejor. Cada persona es responsable de cuidar de su propia energía, impulso y productividad pero, como líder, tienes el cometido de fomentar un ambiente de trabajo donde florezca el deseo de crecer profesionalmente y la mentalidad de mejora continua.

7. Respeta las diferencias. No ignores los sentimientos de los demás. Ponte en su lugar. El autoconocimiento ayuda a analizar y entender más profundamente las emociones de los demás, porque desarrolla una cualidad fundamental como es la empatía. Entiende que la emoción es una parte importante para la experiencia humana y que, cuando los individuos trabajan con sus emociones, sacan mejor provecho de su potencial. La innovación y la creatividad dependen fuertemente de que seas una persona accesible, abierta y transparente, esperando lo mismo de los demás.

8. Sé honesto con las promociones. Ser inclusivo y justo en las promociones acelera el cambio y ayuda a construir equipos cohesionados.

9. No evites conversaciones difíciles. Los equipos directivos pueden poner en práctica multitud de iniciativas de liderazgo: establecer retos, escuchar, informar, actuar con justicia, mostrar coherencia, generar climas positivos, proyectar confianza, apoderarse, exigir, crear identidad, generar una comunidad de aprendizaje profesional, hacer crecer el equipo, innovar, etc.; las posibilidades son muchas, cada uno desde sus habilidades y manera de ser.

10. Celébralo a lo grande. Celebra el éxito con tu equipo; si trabajáis bien juntos, también podéis divertiros juntos. Sé agradecido y ofrece el justo reconocimiento cada vez que alguien haga un gran trabajo, pero sólo entonces.

Cuarto eje:

Acción

Reacciona a la primera

Tras el lanzamiento de IMPULSO, todo el Leadership Team y sus equipos trabajaron a destajo en la implementación de los cambios organizacionales planteados. Nuevos procesos, nuevas formas de relacionarse, todo fue tomando forma rápidamente y asentándose en las cabezas de la gente sobre cómo iba a funcionar la nueva ALSOL. ¡Qué intensidad!

Hubo una cantidad considerable de cambios y la correspondiente formación para que nadie perdiera el ritmo. Se realizaron encuestas periódicas para medir el progreso e identificar de inmediato los puntos débiles. Como preocupación permanente, la elevada carga de trabajo. No sólo se tenía que completar el proyecto de transformación, sino que, obviamente, el día a día del negocio no paraba. Afortunadamente, el clima económico fue favorable. Con la crisis financiera mundial dejada atrás tan sólo unos años antes, los mercados evolucionaban satisfactoriamente en todas las regiones del mundo y en la mayoría de los sectores. Qué duda cabe que esto facilitó la implementación de IMPULSO, pues, con el negocio en fase expansionista, los cambios se aceptaron más fácilmente. Dicho esto, todos tuvieron que ser muy metódicos, estar al corriente de las necesidades del negocio, atender las inquietudes de las personas, gestionar las implicaciones relativas a la capacidad productiva, la logística, etc. El plan era tan ambicioso que nadie pudo actuar por libre, de ninguna manera.

Los directores de cada una de las divisiones de negocio se mostraron precavidamente optimistas. Cada año, el grupo hacía una previsión que abarcara los siguientes cinco años, con proyecciones de ventas, capacidad industrial requerida, recursos financieros, contrataciones de personal, etc. De pronto, quienes encabezaban los distintos negocios se volvieron más atrevidos a la hora de hacer planes. Era el efecto de saber hacia dónde se iba y que, como fruto de un esfuerzo colectivo colosal, los objetivos empezaron a interpretarse como viables. La predicción de buenos resultados aumentó la confianza en muchas iniciativas de ALSOL. Cada vez se estaba más cerca de consolidar los números establecidos inicialmente. Consiguieron que aquel planteamiento unos años antes en la Abadía de la Hiedra no sólo no fuera un imposible, sino que avanzaran más allá de lo esperado en aspectos, por ejemplo, como los organizativos. Varios mercados estaban en su punto álgido y los nuevos negocios despegaban tras meses de preparación. Ciertamente una situación optimista, que pronto hizo que la gente diera crédito a la nueva dirección, incluso aceptando más fácilmente aquellas largas horas de trabajo.

A finales de ese año, cuando los equipos ya se preparaban para celebrar otro ejercicio espectacular, se vivió un cambio inesperado, imperceptible al principio. Algunos pedidos fueron rechazados y los clientes se volvieron repentinamente más conservadores. En general, el pronóstico para los siguientes doce meses había cambiado en unas pocas semanas; yendo de un crecimiento de dos dígitos a una contracción. La dinámica empresarial positiva que había acompañado a ALSOL durante aquellos primeros trimestres se detuvo por completo.

Karen no esperó a disponer de perspectivas mejores y más claras. Las primeras señales fueron suficientes para reaccionar. Cambió la agenda del Leadership Team, anticipando a todos que esperaba que aportaran ideas sobre ahorro de costes y encontrar nuevas líneas de negocio a corto plazo. Dedicaron un día completo a tratar qué acciones podrían iniciarse rápidamente. Las nuevas contrataciones se congelaron de inmediato. Ante la previsión de menores ventas, se ajustó el departamento de Supply Chain. Se cancelaron la mayoría de las reuniones internas que podían requerir algún viaje. Los proyectos de inversión se redujeron o pospusieron y los gastos opcionales, como los consultores, fueron objeto de un intenso escrutinio. Sin embargo, todas las medidas se tomaron con cierta precaución a fin de que las decisiones inmediatas no penalizaran el crecimiento a largo plazo. Los proyectos compartidos con clientes para el desarrollo de negocios futuros no se vieron afectados y se mantuvieron todas las inversiones en salud, seguridad y medioambiente.

La respuesta de la organización a esta situación demostró cuánto habían avanzado como equipo. En cuestión de días se desarrolló una comunicación breve, sencilla y clara. Los mensajes se enviaron a través de canales bien establecidos hasta los centros más lejanos de ALSOL. La mayoría entendió rápidamente la gravedad de la situación y proyectó las acciones correspondientes a fin de mitigar el impacto en resultados. Por supuesto, el mensaje no llegó a todos a la primera. Varias personas requirieron un mayor esfuerzo de persuasión para comprender por qué ellos también tenían que adaptarse a las circunstancias. En cualquier caso, fueron excepciones. Algunas actividades inevitablemente tardaron algunas semanas o incluso meses en dar sus frutos, pero toda la organización había cambiado de marcha pasando de funcionar a toda máquina a operar con cautela en poco más de un mes, incluso antes de recibir la solicitud oficial del presidente del grupo sobre control de costes. En ese momento, mientras ALSOL ya estaba en plena mitigación de daños y con toda la organización adaptada a las nuevas circunstancias, la competencia aún estaba analizando la situación del mercado y las posibles implicaciones para sus respectivos negocios.

Agilidad

Empezando por el Leadership Team, la cultura de la empresa rechazaba comportamientos acusatorios. Ni se aceptaba mirar atrás, ni señalar con el dedo. Tampoco había demasiado politiqueo. Por supuesto que aquellas reuniones del Leadership Team eran una congregación de egos catedralicios, con Karen bien apuntalada en su rol de principal ejecutiva y Mario intentando mantener un equilibrio en el que todos se sintieran escuchados, sin que ninguno ocupara más espacio del que le correspondía, ni permitiendo que nadie pisara al compañero. Aun con todo ello, las conversaciones eran, en su mayor parte, constructivas, enfocadas, dirigidas a la colaboración para tomar la mejor decisión posible y, enseguida, pasar a la acción, implementarla. De este modo, eran capaces de reaccionar rápidamente ante situaciones imprevistas, ya fuera para mitigar un evento desfavorable o para aprovechar oportunidades. Planes que se habían desarrollado cuidadosamente se podían modificar en días o incluso horas. No tenía sentido ceñirse a la rigidez del calendario cuando alguna condición básica del plan había cambiado.

—El mundo empresarial avanza rápido, y nosotros también —repitió Karen en muchas ocasiones.

La mayoría de los directivos necesitaron varios años para adaptarse a tal agilidad. A menudo, tenían que etiquetar esas situaciones como de crisis, para que algunos directivos rompieran su barrera mental sobre una forma de trabajar que consideraban tradicional. Sin embargo, a medida que los cambios producían resultados positivos, las nuevas ideas fueron ganando popularidad. No hay mejor forma para cambiar una cultura organizativa que mediante el ejemplo y la evidencia de los resultados.

Una de esas situaciones que pidió actuar ágilmente afectó al proveedor de una materia prima crítica quien, por causa de fuerza mayor, dejó de suministrar sus productos. Los compañeros de I+D, producción y la división comercial tardaron sólo medio día en idear un plan alternativo.

Eso supuso importar materias primas desde lugares antes no contemplados, resolver aspectos regulatorios de movilidad internacional de productos peligrosos; el antes mencionado REACH, añadir un turno de noche al laboratorio, cambiar gran parte del ciclo de fabricación de la planta, etc. y, en menos de dos semanas, suministraban con normalidad sin que ningún cliente viera afectadas sus operaciones.

También aquella vez que una importante planta de la región de Nueva Orleans quedó completamente inundada durante la temporada de huracanes, con toda la infraestructura regional gravemente afectada. Tan pronto como saltó la primera alarma, se reunió al personal de planta y, en base a los distintos escenarios climáticos, desarrollaron planes de preservación de los equipos de modo que, en la medida de lo posible, pudiera asegurarse la continuidad de las operaciones.

Siendo innovadores y trabajando con ahínco mantendrían la mayor parte de la producción en condiciones estables incluso en una de las peores inundaciones en décadas. Evitaron cortar el suministro a varios grandes clientes que, al no tener alternativas en el corto plazo, dependían en gran medida del material de esa planta. Fue un esfuerzo casi heroico, especialmente teniendo en cuenta la cantidad de hogares dañados o incluso destruidos en ese momento. En apoyo a sus colegas en esas situaciones personales difíciles, el Leadership Team organizó inmediatamente una campaña de recaudación de fondos en toda la empresa. ALSOL, como hicieran sus fundadores muchas décadas antes, fue pionera en dar ejemplo de solidaridad y respeto por el sobresaliente desempeño y dedicación de toda la plantilla. Abrió un fondo de recuperación destinado a la reconstrucción del entorno y a la economía doméstica de los afectados. Además, el Leadership Team trasladó una de sus siguientes reuniones a esa planta. De esta forma, pudieron felicitar directamente a sus compañeros por aquella actitud ejemplar. Esta acción impactó significativamente en la cuidadosamente planificada agenda y en todos los implicados en cualquier reunión del Leadership Team, Mario incluido. Supuso una gran carga de trabajo para muchos.

No era ni lo más rentable ni lo más cómodo; sin embargo, era lo correcto. La reacción y el compromiso de todo el personal de planta en la fabricación y entrega del producto, a pesar de circunstancias tan adversas, contribuyó en gran medida a demostrar la importancia de actuar ágilmente en ALSOL.

Aquel modo de fijar la agenda de reuniones con tanta antelación fue un catalizador de la agilidad del grupo. Así, Karen forzó al Leadership Team, aún más si cabe, a pensar en el futuro. Esta fue otra razón por la que tuvieron tantas sesiones sobre desarrollo de personas y talento; sus fortalezas y debilidades, la dirección en la que podrían prosperar, los siguientes pasos en sus trayectorias profesionales y la mejor manera de afrontarlas. También tuvieron que prepararse para movimientos repentinos y salidas de talento, incluso teniendo en cuenta la relativamente baja rotación en la plantilla. Si bien muchos de esos cambios inesperados eran, a menudo, provocados por el grupo, que solicitaba periódicamente el traspaso de personas de una filial a otra, de una función operativa a otra corporativa, era recomendable construir planes de sucesión, sobre todo para los puestos clave. El Leadership Team estableció un plan sistemático de conversaciones para tratar este asunto de modo exhaustivo, enumerando y clasificando todos los posibles candidatos y funciones disponibles o vacantes previsibles.

En todos los ámbitos se actuaba con la misma anticipación. Como cuando soplaron vientos en contra, con el enfriamiento de la economía. Si los tipos de cambio, los precios de las materias primas o alguna otra variable tomaban un giro desfavorable, los equipos financieros disponían de antemano de un conjunto de ideas compensatorias del déficit. Con ello, una vez evaluado el escenario, cualquier decisión se implementaba con significativa rapidez. Obviamente, este tipo de anticipación sólo funcionaba dentro de ciertos márgenes, pero resultaba impresionante ver cuánto daño y tiempo podían evitarse.

Nada sin resolver

Ante la vorágine de reuniones y llamadas infinitas, la entrada de una cantidad increíble de correos electrónicos y de personas asomando la cabeza en el despacho de Karen, tomar decisiones rápidamente era muy tentador. Sin embargo, por muy cargada que estuviera la agenda, Karen se tomaba su tiempo para pensar las cosas, incluso en períodos agitados. Sus colaboradores más estrechos pronto aprendieron a distinguir entre los casos en los que se podía llegar a una conclusión rápida, en el acto, y los que requerían recopilar información, reflexionar y recabar la opinión de otros colegas a fin de llegar a la mejor decisión, como cuando inauguraron aquella fábrica en el frío Nizhny Novgorod, a siete horas al este de Moscú, una de las mayores plantas de producción de cloruro de polivinilo del planeta.

ALSOL ya era el mayor productor de sosa cáustica de Rusia, pero aquel era un proyecto faraónico que había requerido la colaboración con varias corporaciones petroquímicas y gasísticas locales. Para su viabilidad fue necesario asegurar el suministro de etileno procedente de un socio ruso que, a su vez, tuvo que ampliar capacidad productiva para poder acometer las ambiciones del proyecto de ALSOL, además de garantizar el subministro de sal, otra materia prima clave, en este caso procedente de Bielorrusia y de la región rusa de Astrakhan, a orillas del Volga.

La nueva instalación petroquímica, con una inversión superior a los 1.400 millones de euros y capacidad para 330.000 toneladas métricas al año, tendría un impacto beneficioso en el desarrollo económico de Rusia, para entonces enfrentada al desafío de sustituir su elevado nivel de dependencia de las importaciones. Fue uno de los mayores logros industriales de ALSOL, cuyos expertos hicieron la planta más moderna, integrada y ecológica del mundo en su campo.

Siendo uno de los proyectos de inversión petroquímicos más importantes de Rusia, incluido en el Marco de Desarrollo Químico de

Petróleo y Gas del país y en la lista de proyectos prioritarios, el presidente de Rusia asistiría a la gran ceremonia de inauguración, además del embajador de Bélgica y de otras figuras relevantes de la industria y la política de la época.

En momentos como aquel se notaba que Karen no dejaba nada sin resolver. En todo caso, reducía al máximo el margen para las sorpresas, más aún ante todos los componentes geopolíticos que ese proyecto representaba. Varios meses antes de la inauguración reunió a un comité compuesto por los directores vinculados a los aspectos más sensibles proyecto: Negocio, representado por el director mundial de los vinilos; Tesorería, puesto que el proyecto había requerido grandes acuerdos de financiación en el sistema bancario ruso y diversas fórmulas de deuda con los socios locales, y los compañeros del departamento de Asuntos Públicos, expertos diplomáticos al servicio de ALSOL, como no podía ser de otro modo a la vista de los representantes políticos que acudirían al evento.

Se trataba de tener una comprensión completa de las sensibilidades locales, personales y comerciales de todos y cada uno de los asistentes a los actos de inauguración. Los compañeros de Asuntos Públicos habían aconsejado ser sensibles a ciertos vínculos existentes entre los presentes y que cualquier comentario sobre aspectos financieros sería inmediatamente trasladado a la esfera política, que cualquier comentario sobre proyectos futuros podría tener un efecto dominó en otras divisiones de negocio, y así un largo etcétera de efectos socioeconómicos y políticos.

Nada nuevo tratándose de la oligarquía rusa, pero la función de Mario consistió en coordinar aquel comité de expertos y asegurar que la información, de altísima confidencialidad, circulaba debidamente filtrada. Todas las grandes fortunas y patrimonios industriales del país acudirían a la inauguración y demás eventos adyacentes: visita a la fábrica, cena de bienvenida el día anterior, comida en la planta, cena de gala el mismo día de la inauguración, rueda de prensa, etc. La agenda de esos dos días tenía muchos momentos de extrema formalidad, pero, al mismo tiempo, preveía ocasiones más distendidas. Al fin y al cabo, era un momento de celebración tras tantos años levantando una fábrica mastodóntica. Ese era precisamente el riesgo, que alguno bajara la guardia y que un comentario a destiempo fuera interpretado por los rusos como la confirmación de querer invertir más, o de reducir el compromiso con el país, o la voluntad de gestionar la inversión desde la distancia y un sinfín de otros factores.

Para tenerlo todo atado, se contrató un ejército de detectives privados. En la oligarquía se conocen todos, acuden a los mismos eventos, sus hijos a las mismas escuelas, las relaciones sentimentales se cruzan en el camino de las relaciones profesionales, etc. Por supuesto, se desvelaron amores prohibidos, acuerdos industriales muy sensibles, proyecciones financieras divergentes de la corriente oficial, etc. La misión de Mario no era airear todo aquello, sino construir un informe aséptico y útil para que Karen acudiera a la inauguración con toda la información profesional y personal que se consideró relevante.

Aquel estilo natural de Karen, de hablar con tantas personas como fuera razonablemente posible, le proporcionaba múltiples perspectivas. A menudo, esa era una de sus mejores aportaciones, puesto que ofrecía un nuevo punto de vista a la persona a cargo de un proyecto. Aquel comité creado para la inauguración de la planta rusa no fue una excepción. Una vez más, ese rasgo ayudó a centrar los temas esenciales. Naturalmente, la mayoría de los riesgos anticipados nunca se materializaban, pero tener la mentalidad adecuada para no dejar nada sin resolver hacía que las personas se sintieran más preparadas y cómodas con su trabajo. También ayudó a que la organización estuviera más atenta y proactiva, mucho más ágil ante los cambios, que a menudo eran repentinos. De este modo, Karen siempre iba un par de pasos por delante.

Anticipa y simplifica

—Seamos realistas Mario, es imposible no dejar algo sin resolver. En todos los negocios hay circunstancias imprevisibles que aparecen en el camino y, por mucho que uno lo intente, siempre se quedan asuntos debajo de la pila —apuntó Rick, mientras repartían los aperitivos de aquel largo vuelo.

—Lo importante es simplificar para anticiparse. Te pondré un ejemplo —insistió Mario—. Dada la gran cantidad de información necesaria para la planificación anual, decidimos revisar a fondo los procesos para que funcionaran de un modo más fluido, sin cuellos de botella. Como parte de la gestión estratégica, el Leadership Team realizaba diversas revisiones anuales a la evolución de las distintas líneas de negocio, principales proyectos, oportunidades de M&A, evolución de talento y promociones, planes de inversión, etc. Cada línea de negocio tenía a su respectivo presidente, dieciséis en total, quien, durante las reuniones con el Leadership Team, cubría logros, hipótesis, cumplimiento del presupuesto, rentabilidades, cambios en su planificación estratégica, gestión de recursos, talento, etc. Hasta esa fecha, las diversas revisiones se organizaban del modo que mejor convenía a cada presidente y sin una agenda sistematizada para todo el grupo. Esto suponía que, en el momento de reportar las conclusiones al Comité Ejecutivo, alguien tendría que hacer un importante trabajo para homogeneizar los criterios y formatos. Totalmente ineficiente.

La nueva ALSOL planificaría cuidadosamente estas revisiones, con agendas respetadas y cuyo contenido no sería susceptible de cambiarse al libre criterio de cada uno, guiadas por unas plantillas muy concisas que requerían un número y un nivel de hechos limitados, lo que obligaba a cada presidente de negocio a abordar los temas más relevantes, evitando que nadie se saliera del patrón descrito por el Leadership Team.

De esta manera, el tiempo que cada participante dedicaría a la reunión se reducía al mínimo posible y las expectativas estaban claras desde el momento cero. Es cierto que estas reuniones fueron mucho más intensas, pero, a su vez, más resolutivas y útiles. Al principio, los presidentes no vieron con buenos ojos el cambio de dinámica. Las quejas eran, sobre todo, por sentir severamente restringida su libertad en el planteamiento de los asuntos y su exposición al Comité, limitada. Sin embargo, con las primeras experiencias, la mayoría se dio cuenta de lo útiles que resultaban los modelos de informe cortos y acotar los temas a tratar ya que eso les obligaba a ir al grano casi instantáneamente, tanto en los preparativos como durante las discusiones posteriores. Por otro lado, valoraron el empoderamiento que suponía no tener que justificar los detalles más nimios al Leadership Team. En general, el proceso de revisión se volvió mucho más eficiente, dedicando menos tiempo, pero de forma mucho más efectiva y fiable. Además, la utilización de una misma plantilla de trabajo ofrecía comparabilidad de las proyecciones y del rendimiento, tanto del negocio como de los propios directivos. Esto se consiguió tras reflexionar a fondo sobre los procesos, identificar la información relevante y trabajar coordinadamente dejando los egos de lado.

El modo de fijar los objetivos fue otra gran área de mejora sustancial. Como en la mayoría de las empresas, el plan o presupuesto para el año siguiente se desglosaba en objetivos para las distintas líneas de negocio, pero, en última instancia, también para las personas. Hacia final del año, todo el mundo estaba centrado en lograr los objetivos del ejercicio y cerrarlo de la mejor manera posible. Luego, durante el primer trimestre del período siguiente, se revisaba el desempeño en función del cumplimiento de los números y resultados acordados. El siguiente paso era la formulación de los objetivos para el año, en función de los obtenidos en el año precedente. Eso siempre había sido un proceso un tanto caótico: mientras todos habían comenzado a definir objetivos individuales de manera simultánea, sólo se podían dar por definitivos una vez fijados los objetivos del nivel jerárquico superior, para garantizar la alineación con toda la entidad. En cuanto al número de objetivos, estos variaban entre tres y diez, lo cual suponía, seamos honestos, que cuando estos se acercaban a los dos dígitos, se trataba más de una descripción del puesto de trabajo que de objetivos relevantes en los que el individuo pudiera centrarse específicamente durante ese determinado año. Este proceso requería diversas iteraciones entre el superior y la persona afectada y era imposible lograr un progreso significativo mientras los primeros mandos no hubieran fijado sus propios objetivos. Total, el proceso no se completaba antes de finalizar marzo o mediados de abril, esto es, transcurrida ya una cuarta parte del año.

Bajo el mandato de Karen, todos aprovecharon para expresar lo tedioso que era el establecimiento de objetivos y cuánto les molestaba que tomara tanto tiempo. Karen solicitó renovar todo este proceso. El primer cambio fue que, ya en noviembre, todos los miembros del Leadership Team debían presentar su propuesta con un máximo de cuatro objetivos. En la reunión mensual de equipo se les dio suficiente tiempo para discutir cada objetivo individual, asegurándose de que fuera claro para todos y de que tuviera sentido con respecto a los objetivos de AL-SOL. Aunque las reuniones fueron largas, tuvieron un gran impacto porque facilitaron que todos supieran perfectamente a qué se enfrentarían sus compañeros (y, por extensión, toda la empresa) durante el año. Además, todas las acciones se armonizaron para evitar que los equipos colisionaran y para solucionar problemas de alineación y silos. La ambigüedad también se redujo ya que en ese mismo momento se acordaba quién lideraría y quién sería responsable de cada una de las acciones o actividades decididas. Esta novedad fue de gran importancia, especialmente cuando una determinada acción involucraba a varias personas, ya que se dejaba claro desde el principio quién estaría al frente. Es más, ahora todos remaban en dirección de unos mismos objetivos, sin que ninguna actividad individual se desviara o apuntara en la dirección equivocada o distinta de la acordada.

Durante la reunión de diciembre del Leadership Team se volvían a revisar los objetivos hasta darse por cerrados. A principios de enero, justo con la evaluación del desempeño del año anterior, Karen revisaba el plan en reuniones individuales y se daba por concluido el proceso formal. Al mismo tiempo, todos hacíamos lo propio con nuestros equipos y así en cascada, basándonos en los acuerdos individuales alcanzados con Karen y el Leadership Team. A principios de febrero y con tan sólo un par de reuniones, todos los objetivos individuales estaban ya fijados para el año; dos o tres meses antes de lo que había sido costumbre y con un esfuerzo significativamente menor.

Con el fin de fomentar aún más la alineación de los objetivos en toda la organización, el proceso se refinó en el segundo año; se pidió a todos los subordinados directos del Leadership Team que prepararan sus objetivos con la ayuda de, al menos, tres de sus iguales, aquellos con quienes estaban trabajando más de cerca, así como con sus colaboradores directos de modo que, si era necesario, se adaptaran. De este proceso surgieron discusiones muy fructíferas. Tomaba más tiempo, pero merecía la pena puesto que se redujeron sustancialmente las eventuales fricciones durante el año. Casi de inmediato, la gente adoptó el nuevo proceso. La colaboración interdepartamental creció considerablemente.

A medida que la organización maduró, los objetivos necesitaron menos detalles y menos etapas intermedias. El ir derivando en otros más genéricos ofrecía mayor margen de actuación a los directivos, lo cual era una muestra de confianza de que las personas podrían cambiar la ruta marcada según fuera necesario durante el año, en función de las circunstancias.

Este nuevo proceso trajo un beneficio adicional; en el último trimestre ya se trabajaba en los objetivos para el año siguiente, lo cual mantenía la tensión en toda la organización, incluso durante el período de vacaciones. Se consiguió destacar la importancia de empezar temprano en todo proyecto, de anticiparse a las circunstancias, en lugar de aterrizar en la oficina e ir cogiendo energía lentamente para despegar al principio de año, como se venía haciendo en el pasado.

Karen hizo de la simplicidad un asunto recurrente. Simplificar permitía mantener el foco, centrarse en las actividades básicas. En una organización tan grande y geográficamente esparcida por todo el planeta, múltiples mercados y productos, resultaba fácil desviarse de ese buen hábito. Con tales dimensiones empresariales, cualquier estudio comercial, análisis financiero, oportunidad de inversión, etc., derivaba en la necesidad de incorporar a alguien del equipo financiero para evaluar los aspectos más urgentes de inversión, analizar la competencia, desarrollar nuevas tecnologías, etc. Luego algún informático experto en SAP para estudiar la viabilidad de adaptar el sistema de gestión a las nuevas circunstancias. También alguien de producción o compras, para dar su opinión sobre las sinergias de la cartera de productos, etc. Tales ideas surgían de manera sistemática en un negocio que comprendía varios miles de personas. Karen había dejado claro desde el principio que quería participar en toda discusión que implicara aumentar recursos en nuevas áreas y nunca aceptó argumentos del tipo; «una empresa de nuestro tamaño necesita esto», «mi gente está demasiado ocupada para hacer esto, además de sus actividades actuales», etc.

En ALSOL tenían el dinero por castigo así que cualquier solicitud que tratara de incorporar personal en aras a una mejor calidad del trabajo, solía ser aceptada. Karen fue bastante reacia a mantener esa dinámica. Para tomar decisiones informadas, en todas las ocasiones, se sentaba con el directivo solicitante y trataba el asunto de tú a tú, tantas veces como fuera necesario. Llegaba al fondo del asunto, cuestionando por qué era necesario, examinando cómo podrían lograr o evitar el resultado por otros medios, o cómo los procesos de trabajo o la organización departamental podrían reconfigurarse para obtener el resultado esperado con el mismo número de personas. En el fondo, los colaboradores comprendimos que Karen, además de estar preocupada por los costes de la estructura, sobre todo y principalmente, quería evitar añadir complejidad.

Como pasa tradicionalmente en las grandes entidades financieras y, por supuesto, en la Administración Pública, hay un axioma que se cumple siempre; cuanto mayor es la organización, mayor complejidad tienen los procesos internos, menoscabando el foco y, por tanto, deteriorando la rendición de cuentas, lo que provoca que la organización no se preocupe de a quién sirve, sea el cliente o el bien público, sino que sus miembros miren, principalmente, de servirse de la propia organización. Pero las grandes estructuras públicas tienen herramientas limitadas para medir el logro, lo cual termina no sólo por ahuyentar el talento, sino que, quizá más grave aún, no genera nuevo talento. Inexorablemente, el crecimiento de la organización se estanca y el rendimiento es cada vez más decepcionante. Digamos que las reglas de juego son distintas para la Administración Pública, puesto que al tratarse de un ente que, se haga lo que se haga, no puede quebrar, su subsistencia no peligra, dando así lugar a líderes débiles y a profesionales que rinden por debajo de sus posibilidades.

En ALSOL, Karen aplicó la conocida regla: añade una segunda persona sólo cuando haya trabajo para tres, dirigiendo el grupo como si se tratara de una empresa de tamaño medio en todo aquello que no estuviera directamente relacionado con ofrecer soluciones al cliente. Así, inculcó tal foco al extenso equipo de directivos que estos ya filtraban por sí mismos cualquier iniciativa que pudiera calificarse como un «nice to have». De este modo, fueron mucho más selectivos a la hora de pedir recursos adicionales. Este estilo permitió mantener una organización ágil, una toma de decisiones rápida y fomentó el contacto cercano entre los altos ejecutivos y el resto de los niveles de la empresa. Sin desvelar una política de recortes, la prudencia de Karen, y la claridad con la que daba y solicitaba razones, enseñó a todos que debían ser infatigablemente escrupulosos con los costes y emplear los recursos disponibles de la manera más eficiente.

No te conformes

Este modo tan intenso de colaborar, planificar y perseguir objetivos contribuyó mucho a transformar la empresa. Aun así, Karen no tenía suficiente. Durante su tercer año, se dio cuenta que, a pesar de toda la comunicación, la excelente alineación de objetivos y el efecto de su liderazgo en todas las personas con las que mantenía contacto directo, su alcance en la empresa no llegaba lo suficientemente lejos. Fue capaz de movilizar y dinamizar al Leadership Team y, al mismo tiempo, lograr unos objetivos más ambiciosos. Sin embargo, sentía haberse quedado corta en términos del impacto alcanzado en escalas inferiores de la organización. En su forma habitual de compartir reflexiones con varias personas, con ese modo de liderar en base al pensamiento colectivo, Karen desarrolló la idea de dirigirse al siguiente nivel de la organización, es decir, a todos aquellos que reportaban directamente a los miembros del Leadership Team, los denominados n-2. Con ellos cubriría todas las plantas industriales, los distintos negocios, las iniciativas de I+D, operaciones comerciales, la política de talento, el personal clave de finanzas, los entresijos regulatorios y de asuntos públicos, etc.

Karen invitó a todos los n-2 a una reunión de varios días fuera de las oficinas, incluido el Leadership Team. La época del año se eligió cuidadosamente; unas semanas antes de Navidad. Un buen momento para evaluar el ejercicio, intercambiar opiniones y alcanzar conclusiones sobre el plan y la estrategia de ALSOL, así como para prepararse para los próximos doce meses. A ese equipo rápidamente se le atribuyó la etiqueta de Dream Council. El nombre se extendió como la pólvora dentro de la organización, generando altas expectativas.

La reunión supuso una significativa inversión, eran muchos n-2 procedentes de todo el mundo que dejaron sus quehaceres habituales para reunirse en un hotel con significado. Una joya del «art nouveau» en la capital de Europa. Karen dio total libertad a Mario para elegir el lugar de las reuniones; sólo le recordó que cada detalle debía tener su mensaje.

El Dream Council se alojó en el mismo hotel en que ALSOL acogió, cien años antes, la mayor convención científica del mundo de principios de siglo xx, con nombres como Einstein, Curie, Piccard, Planck, Schrödinger, etc. Nada sucedía al azar. Como todas esas reuniones presenciales, mereció la pena. Por aquellos años, las videoconferencias ya estaban a la orden del día en ALSOL; tenían salas especiales que permitían trabajar como si compartieran despacho físico. Con aquellos medios, podrían haber optado por un formato de reunión «a distancia», pero valoraron que nada que deba tener un componente creativo y que requiera de cierto tono humano puede hacerse telemáticamente. De hecho, poder conocer en persona a compañeros con quienes se había estado comunicando durante años por correo electrónico o por teléfono fue uno de los mayores beneficios del evento. Todos escucharon directamente de Karen, de primera mano, las noticias relevantes sobre la hoja de ruta. Todos quisieron hacer preguntas y participar en los debates de un modo desenfrenado. Al final, el nivel de aceptación de las decisiones tomadas de modo colaborativo y participativo era muy superior en comparación con haber recibido instrucciones desde arriba por email o a distancia. El Leadership Team había pensado detenidamente los temas de la agenda para poder abordar los asuntos prioritarios: expansión geográfica, expansión por productos, nuevos procesos internos, valores, comportamientos y actitudes deseables, etc. Gran parte del evento se dedicó al presupuesto y su vinculación con los objetivos y actividades previstas para el año próximo. Esto aseguró que cada persona entendiera lo que se esperaba de su área respectiva y de ella misma, a la vez que comprendiera como encajar dentro de un panorama más amplio y transversal. Como siempre, los temas menores se discutían y decidían durante los descansos y en las comidas en formato de pequeño comité. Para los miembros del Leadership Team fue una oportunidad extraordinaria de mantener innumerables encuentros cara a cara, que permitieron conocer mejor a muchos colegas en quienes reposaba el verdadero éxito de la empresa.

Como los resultados eran buenos, se creó rápidamente una atmósfera de celebración que facilitó el buen espíritu de colaboración y cohesión. La gente se sintió parte de un equipo grande, unificado y global en el que todos compartían el mismo IMPULSO. Al final de la reunión, se enumeraron las prioridades de ALSOL para el año siguiente, se pusieron en una gran hoja de papel y todos la firmaron, como símbolo visual de que estaban trabajando juntos para conquistar un futuro común. A su regreso, cada uno de los participantes en aquel Dream Council se encargó de comunicar los aprendizajes y conclusiones del encuentro a sus equipos, asegurando así una cascada de la información más relevante a través de toda la organización. No hace falta decir que los participantes valoraron aquel evento especialmente bien, por el entusiasmo compartido y por el prometedor programa de ALSOL como líder de la industria.

El equipo de Karen alentó al Dream Council a trabajar de una manera más cohesionada durante los meses siguientes, ayudando así a romper aquella mentalidad de silos tan característica de muchas organizaciones, con problemas en evolucionar hacia una estructura de alto rendimiento. Las convocatorias del Dream Council se organizaron por trimestres a fin de mantener viva esa inercia, compartiendo proyectos de interés común y temas específicos transversales. A lo largo del tiempo, la lista de participantes en el Dream Council se expandió gradualmente, incluyendo niveles más allá de los n-2, pero que de un modo u otro trataban directamente con clientes, estaban al frente de algún proyecto prometedor o habían sido identificados como «high-potentials» por el departamento de talento. Tras el segundo año, participar en la reunión anual del Dream Council era visto como un gran honor y, de hecho, la gente seguía de cerca, con una mezcla de admiración y recelo, a aquellos que habían sido invitados.

La creación del Dream Council y los esfuerzos a su alrededor no resolvieron todos los problemas de comunicación, pero mejoraron la agilidad del intercambio de información y las relaciones operativas entre el Leadership Team y el resto de la organización, que a la postre suponía acelerar la implementación de las acciones.

Hasta el logro, persevera

A finales de aquel 2014, Mario tuvo la oportunidad de aplicar los rasgos clave del liderazgo de Karen en un gran proyecto. Parte de la estrategia de resultados de ALSOL estuvo vinculada al crecimiento inorgánico, la incorporación de algunos negocios a través de adquisiciones estratégicas y la desinversión de líneas de negocio con márgenes inferiores a los esperados, las llamadas *commodities*. Una de las responsabilidades de Mario consistió en la selección e identificación de posibles objetivos. Durante un tiempo analizó diversos negocios, en sí mismos parte de alguna multinacional, que parecían ser una combinación perfecta por varias razones; por su tamaño y su encaje con la cartera, así como por los mercados en los que estaban presentes. Cuando una de esas empresas hizo públicos ciertos problemas, Karen y Mario vieron que era la hora de actuar. Utilizando los contactos y vínculos profesionales entre los miembros del Consejo de Administración de ambos grupos, pudieron saber que la actividad objetivo ya no era estratégica para aquella empresa y que podría estar considerando su venta. Ese era el momento de iniciar el Proyecto Odín, como lo bautizaron.

Todo proyecto de adquisición, grande o pequeño, es bastante complejo. Deben intervenir muchas funciones, especialmente en un grupo tan grande y, en particular, cuando los precios alcanzan niveles de tres o cuatro dígitos en millones de euros; tuvo que hacerse un estudio detallado de mercado y de la competencia, analizar los datos financieros disponibles, un plan de negocio que justificara la inversión, los aspectos medioambientales y de sostenibilidad, un plan de comunicación interna y externa, así como una rendición de cuentas periódica al Consejo de Administración, organizar una Comisión Supervisora (Steering

Committee) que, por delegación del Consejo, monitorizara la transacción, crear el denominado «Clean Team», esto es, un Comité de Dirección Neutral, de muy pocos miembros, que serían los únicos conocedores de las negociaciones a fin de preservar la confidencialidad y el cumplimiento normativo de aspectos relativos a la libre competencia, tratar con bancos de inversión, asesores externos, equipos jurídicos, fiscales y financieros internos, relaciones públicas, negociaciones con la Comisión Europea y otras autoridades regulatorias cuya misión era velar como garante de los límites a las posiciones dominantes de mercado, etc. Y decir mucho más sería quedarse corto. Una de las grandes fortalezas de ALSOL es que la mayoría de los recursos y talento necesarios existían dentro de la organización, todos disponibles para confiarles cada una de las áreas.

Junto con un compañero del departamento corporativo de fusiones y adquisiciones del grupo, Mario comenzó a abordar el Proyecto Odín. Fueron tratando con cada una de las muchas direcciones funcionales necesarias para el proyecto a fin de identificar, en primer lugar, a las personas que deberían trabajar en el mismo. Luego, hablaron con cada una por separado para informarles sobre la misión y comprender las necesidades y las posibles limitaciones técnicas o de disponibilidad, si las hubiera, por parte de sus colegas. Al integrar esa gran cantidad de factores, diseñaron un plan que cubría diversas etapas en torno a los hitos clave tan típicos de este tipo de proyectos, como la «due diligence», la «non-binding offer», el «memorándum of understanding», las «remedies», la consulta con los interlocutores sociales, etc. El cronograma incluía actualizaciones periódicas desde y hacia las diferentes funciones a cargo de los distintos grupos de trabajo. Dependiendo de la etapa en la que se encontrara el proyecto, esas reuniones se llevarían a cabo hasta dos veces por semana. Con el fin de que todo fuera lo más llevadero posible para los numerosos colaboradores, la participación en las reuniones de revisión sólo sería obligatoria cuando hubiera una novedad, progreso o incidencia que compartir, evitando así que la gente perdiera su tiempo. En general, la planificación del Proyecto Odín tomó mucho tiempo y dedicación en cada una de sus fases. En la reunión de lanzamiento, las famosas «kick-off meeting» con todos los miembros del equipo —que llegaron a ser hasta 78 personas trabajando exclusivamente para Odín, sin contar asesores externos y dedicaciones parciales—, Mario presentó brevemente el proyecto, así como las razones que lo motivaban. Luego repasó el plan, describiendo lo que se esperaba de cada persona. A cada paso preguntaba si estaba claro o si había preguntas. En esa sesión, Mario se mostró tan seguro y decidido que no dejó ninguna duda de que Odín, costara lo que costara, se lograría.

Poco más de siete meses después de la primera reunión con el vendedor, cerraron el trato. Al compararlo con otras adquisiciones del mismo orden, a pesar de haber tenido que responder a exigencias más severas de lo previsto por parte de las autoridades europeas, cuyo acuerdo debía concurrir dada la posición dominante resultante sin las remediaciones propuestas, el proyecto funcionó casi como un reloj. Por supuesto, como con cualquier proyecto, se necesitó algo de suerte, aunque como ya dijo Lucio Anneo Séneca; «Suerte es lo que sucede cuando la preparación y la oportunidad se encuentran». Dicho esto, muchos riesgos y problemas potenciales pudieron mitigarse siendo diligentes, lo cual se consigue, a menudo, sólo con la adecuada anticipación. Por ejemplo, Mario sabía que competían con otros potenciales compradores. Utilizando consultores y la información pública, el equipo de Mario supo comprender las preocupaciones y las expectativas del grupo vendedor. Una vez convencidos de haberse hecho con una imagen inequívoca del modelo de negocio y de su potencial, presentaron una oferta no sólo competitiva en cuanto a precio y condiciones genéricas, sino que abordara algunas de las inquietudes internas del vendedor, como, por ejemplo, los planes de sucesión, asegurando que el Proyecto Odín también sería una buena salida para aquellos que debían tomar la decisión final, más allá del factor precio y, por supuesto, para todo el personal de la empresa. Esta preocupación por la dimensión humana de la transacción facilitó que llegaran al acuerdo final sin tener que tensar demasiado la propuesta económica.

Dada la complejidad del Proyecto Odín, sostener la motivación y el empeño de todos dando lo mejor de sí mismos, respondiendo a cada una de las expectativas durante tantos meses, podría haber sido un problema. Siguiendo rigurosamente el plan, interviniendo de inmediato cuando algo se demoraba y cumpliendo siempre con sus compromisos personales, se logró mantener la implicación de cada miembro de aquel extraordinario equipo. En determinados momentos, los asesores en banca de inversión, con amplia experiencia en este tipo de proyectos de M&A, regalaron expresiones de este tipo; «nos mantenemos poco intervencionistas porque ustedes siempre se anticipan a nuestro análisis». No era eso exactamente. Se trataba más de una planificación extraordinariamente rigurosa, seguida de una ejecución decidida y tenaz del cronograma, anticipada a posibles contratiempos. En otras palabras, una obstinada tozudez por la excelencia en todos los niveles. En el fondo, ser el responsable de excelencia trataba de eso.

Tras un par de años en la empresa, la gente no sólo entendió completamente a Karen, sino que también aprobó su estilo, rutinas y forma de gestionar ALSOL. Se acostumbraron a la fijación de altas expectativas y a la velocidad contrarreloj de la empresa. La satisfacción por el logro y la celebración de los éxitos pronto ayudaron a que las quejas sobre la altísima carga de trabajo disminuyeran. La dirección pudo revisar varias partes de la organización que no funcionaban según lo esperado, integraron nuevos negocios y desinvirtieron en aquellas actividades consideradas menos productivas. Parecía que habían alcanzado una posición cómoda y unas dinámicas de trabajo bastante fluidas. De algún modo, esto fue una sorpresa para muchos; progresando pasito a pasito en todas las áreas, sin olvidar ninguna función, actividad ni rango en el organigrama, se había alcanzado aquel destino casi inimaginable al principio. Como consecuencia, casi todos empezaron a relajarse en esa parte final del viaje.

Casi todos menos Karen. Mucho antes de lo previsto, planteó al Leadership Team la necesidad de abrir la empresa a una nueva dimensión, el próximo reto. De algún modo, anticipaba la dinámica cambiante de una organización de aquel tamaño e hizo un llamamiento a revisar todas las partes de la organización, teniendo en cuenta los aprendizajes de la última transformación y las actividades que habían comenzado a tener un rendimiento inferior en comparación con sus expectativas de crecimiento sostenible y continuo. ALSOL se había convertido en un referente industrial, con unos productos de primera calidad, innovadores en muchos casos, centrada en la excelencia operativa, agilidad y adaptación al mercado. Sin duda era una buena empresa, pero le faltaba algunos detalles para considerarla extraordinaria. Más allá de una facturación objetivo se iba a fijar una nueva ambición, que definirían entre todos, pero cuya finalidad no podría ser otro que la mejora del rendimiento y el bienestar de las personas. No se conformaba con dirigir una buena empresa, ahora tenían que convertir ALSOL en una organización extraordinaria.

Así, empezaron a reflexionar sobre un nuevo programa que se llamaría G2G (from Good to Great). En comparación con IMPULSO, ahora tendrían un impacto más directo sobre los aspectos corporativos y las personas y un período más largo para analizar, realizar encuestas cuantitativas y entrevistas cualitativas para comprender los problemas en detalle y desarrollar las diversas opciones que trabajarían entre todos. Esto traería consigo un mayor adueñamiento de los resultados, compromiso y sentimiento de pertenencia a un proyecto colectivo que, por ende, conduciría a mayores logros, mayor productividad y mayor bienestar para las personas. Se trataba de mejorar tanto en productividad como en positividad, tanto en aptitudes como en actitudes. Podrían involucrar de nuevo al Dream Council para que G2G acelerara en toda la organización ya desde el principio. Y se dieron el tiempo suficiente para definir las prioridades de transformación y acelerar la nueva cultura organizativa que debería llevarlos al siguiente nivel como empresa.

Cuando IMPULSO llegó a su fin, ALSOL ya iba tras la nueva hoja de ruta definida con G2G. Corrían los primeros meses de 2015.

De buenos a extraordinarios

El tremendamente ambicioso objetivo perseguido durante esos años ya era una realidad. Por supuesto, las circunstancias estuvieron de su lado con los nuevos mercados comportándose según lo previsto, o incluso mejor; la economía, en general, estaba siendo sido amable y algunos nuevos clientes contribuyeron por encima de lo esperado. Sin embargo, el trabajo había sido duro. Mucho más difícil de lo que casi todos habían hecho en su vida profesional hasta entonces.

El último año del plan estaba convirtiéndose en otro de fuerte crecimiento, consolidando el número mágico de casi tres mil millones de euros. Y hubo más indicadores positivos. Las operaciones comerciales, producción y cadena de suministro funcionaron de modo más fluido; uno no tenía que estar siempre al tanto de cada pequeño proyecto e, incluso, se concretaron nuevas oportunidades de negocio sin necesidad de pasar ante el radar del Leadership Team. Parecía como si los engranajes de la empresa giraran con mayor facilidad, estuvieran mejor lubricados, requiriendo menos mantenimiento.

Empezaba a correr la voz en la industria de que ALSOL estaba convirtiéndose en la referencia y se extendió una leve sensación de alivio. Se podía escuchar a la gente hablar sobre sus éxitos, sobre lo que habían logrado, sobre cuánto habían superado a la competencia y cosas por el estilo. Cuando Karen se dio cuenta de esto, no se puso particularmente feliz. Quedaban casi tres cuartas partes del año y todavía podrían torcerse muchas cosas. Como de costumbre, tomó medidas rápidas. En la revista interna comentando los resultados trimestrales, felicitó a todos enfatizando la necesidad de seguir funcionando de un modo tan ágil y eficiente hasta el último día del año. Incluso sin vientos en contra, lograr el presupuesto era todavía un desafío, lo que necesariamente requeriría la atención de todos.

A cambio de ese mayor compromiso, ella ofrecía darlo todo por aumentar el nivel de bienestar y satisfacción de las personas. La compañía había estado recurrentemente presente en todos los estudios «Great place to Work» desde mediados de los años 80, hasta desaparecer de la lista en la primera década del nuevo siglo. Los frecuentes movimientos en la cartera de productos, inversiones y desinversiones se habían cobrado un peaje en términos de ambiente de trabajo y, según las últimas encuestas, el nivel de satisfacción del empleado estaba en un discreto 68 %, lo cual daba lugar a mayores dificultades para atraer talento, mayores dificultades para retenerlo y niveles de rendimiento por debajo del potencial de cada individuo. Karen se marcó un objetivo del 85 %.

El mismo mensaje se transmitió en las reuniones de «townhall», dando ejemplos de situaciones difíciles, como las feroces acciones de la competencia o las diversas limitaciones de capacidad productiva con las que estaban lidiando. La mayor parte del equipo comprendió que no podían cantar victoria antes de tiempo. Eran sin duda una buena organización, pero había llegado el momento de alcanzar un nivel extraordinario. La voluntad de reforzar la dimensión humana de la empresa empezó a extenderse a lo largo de toda la empresa. Era una llamada a la acción. Empezaba el proyecto G2G.

Prepárate para el siguiente proyecto

Karen permaneció cercana a las decisiones, transmitiendo intensidad al proyecto G2G. Al igual que pasó con IMPULSO, buscaron un nombre simple que pudiera representar adecuadamente sus intenciones. Con los casi tres mil millones de euros y aquellos niveles de notoriedad hacían que cualquiera les considerara una muy buena organización, pero consolidarlo y, además, alcanzar un porcentaje de satisfacción y compromiso de los empleados per encima del 80 % la convertiría en extraordinaria. Así que terminaron con el esquema general del nuevo plan y las implicaciones que ello supondría para la organización. El Leadership Team tenía algunos miembros nuevos, reflejando los cambios en su enfoque estratégico; mayor atención a los clientes, una forma más rápida de abordar nuevos mercados y el desarrollo de nuevos negocios más allá de las actividades principales. Para apoyar estas nuevas áreas, también abordaron el tipo de perfil, mentalidad y comportamientos que requeriría la nueva organización. Durante la reunión anterior del Dream Council, los temas clave fueron cómo la empresa podría fomentar los comportamientos emprendedores y la mejora de la colaboración entre personas y equipos, todo a fin de lograr una mayor cercanía con el cliente. La idea general era apostar por delegar más a las personas en primera línea y, de la misma manera, un mayor grado de autonomía en toda la organización, empezando por el propio Dream Council.

Trabajar en G2G suponía recibir menos instrucciones directas de la dirección y reducir el nivel de revisiones, puesto que las personas asumirían más responsabilidad sobre sus resultados. Este fue un paso de gigante que ayudó a muchos a ser más autónomos y menos dependientes de sus gerentes, una condición clave para llevar la empresa al nivel de extraordinaria. Esto también permitió liberar parte del tiempo de los gerentes, de modo que pudieron prestar más atención al impacto que sus respectivas áreas tenían sobre el conjunto de la organización.

A mediados de año, el Leadership Team comenzó a comunicar más detalles prácticos de las nuevas divisiones, organigrama y cargos, implementándose los cambios rápidamente. Después de haber logrado durante los últimos años que la organización tuviera unos procesos de trabajo armonizados y que funcionara con una intensidad elevada, ahora el centro de atención sería la forma de tratar más de cerca a los clientes, tanto internos como externos, y a las personas. Se creó una lista larga de los clientes más importantes, designándose gerentes de cuentas y equipos de actuación global, y se fijaron las reglas de colaboración con cada área de la empresa. Naturalmente, todo este trabajo sucedió en paralelo a las actividades diarias. De todos modos, ALSOL ya tenía la mente más enfocada en implementar la nueva hoja de ruta resultante de G2G que preocupaciones por concluir la anterior. Tal como había querido Karen, la tensión por la mejora constante no decayó, o tal vez de un modo apenas perceptible.

Los que habían participado de modo tan diligente durante los años de IMPULSO, tras tantas horas, reuniones, llamadas, viajes, compromiso y mucha pasión, se mostraron felices, orgullosos, satisfechos del logro. Ello no fue óbice para que la mayoría de las mentes estuvieran ya puestas en la próxima etapa. Esto fue, de nuevo, diferente a la mayoría de las empresas del sector. La obsesión por la excelencia era tal que, cuando Mario se dispuso a exponer los principios rectores de G2G, potencial catalizador de una hoja de ruta que condujera a una organización más productiva y con mayores niveles de bienestar, muchos de sus colegas ya tenían interiorizada la necesidad de acometer ese reto.

Toda mejora debe ser sostenible

A pesar de todos los esfuerzos por mantener la tensión y el foco en el desafío más inmediato, empezó a proliferar cierta euforia.

Karen pronto la desalentó. Su preocupación principal era llegar al presupuesto anual, obviamente. Sin embargo, Mario empezó a notar que la facturación ya empezaba a estar fuera de la mente de Karen. Durante sus muchas discusiones sobre G2G, el próximo plan, quedó claro que su nueva forma de medir el éxito respondería a indicadores diferentes y más sostenibles, a pesar de su incesante martilleo sobre la importancia de unos beneficios de casi tres mil millones. Todo el equipo directivo comenzó gradualmente a comprender que ese mero número era sólo la parte más superficial de lo que Karen perseguía.

Evidentemente, lograr los resultados económicos establecidos era prioritario; ALSOL cotizaba en bolsa y no responder a las expectativas en cada cierre trimestral y anual suponía un mazazo a la cotización de la acción y, por ende, a la valoración patrimonial de sus accionistas, pero más importante aún era la transformación de ALSOL en una empresa capaz de rendir de forma sostenible y a un nivel superior a lo conocido hasta entonces. Una organización con objetivos ambiciosos, más capaz que antes, más resiliente a las crisis externas y más ágil para reaccionar tanto ante las amenazas como ante las oportunidades. La mentalidad por prevalecer se había convertido en una mentalidad por mejorar continuamente, por perseguir un propósito más allá de los resultados anuales, por tener un sentido de urgencia, de logro y de compromiso con las personas y la sociedad. Esta fue la piedra angular de G2G.

A pesar de los éxitos comerciales, las expectativas de Karen sobre la organización irían mucho más allá. No se trataba simplemente de que ALSOL rindiera a un altísimo nivel. Según esa lógica, la transformación habría llegado a un punto final y, claramente, esa no era la idea. En su lugar, buscó incorporar los elementos que inocularan la motivación de esforzarse siempre por la excelencia en el ADN de la empresa, lo cual incluía la mejora constante en todos los ámbitos. Ese sí era un viaje largo. De hecho, interminable.

Teniendo en cuenta el punto de partida, Karen difícilmente podría haber comenzado su proyecto por esa ambición. Primero tuvo que lograr un modo de funcionamiento sólido y eficiente antes de ponerse a trabajar en el siguiente nivel. Esa fue la razón por la que dedicaron tanto tiempo a definir el proyecto G2G más allá de los objetivos financieros, es decir, cuáles eran los comportamientos fundamentales que buscaban fomentar y hacia qué dirección debía evolucionar la cultura de ALSOL.

Con todo ello, limitar el proyecto G2G a objetivos financieros, tan dominantes en el proyecto IMPULSO, ya no sería suficiente. Ahora, consciente o inconscientemente, la gente se preguntaba por qué deberían seguir trabajando tan duro, más de lo que casi todos habían llegado a conocer. Además, tras varios años bajo el liderazgo de Karen, un número creciente de colegas comenzó a cuestionarse sobre el significado real de quiénes eran. La prioridad de G2G; las personas. Las personas son las que convierten una buena empresa en una organización extraordinaria, imparable.

Mentalidad imparable

Mario sería el director del proyecto. El encargado de dar forma a G2G. Uno de efectos más sorprendentes durante aquellos años fue el cambio de mentalidad. Antes de que Karen llegara, se escuchaban excusas demasiado a menudo sobre por qué era difícil realizar una determinada tarea o lograr un resultado. Se solía achacar a las circunstancias o a los eventos imprevisibles y la dirección de la empresa toleraba ese tipo de explicaciones siempre que no hubiera una negligencia profesional manifiesta y se tuvieran unas razones más o menos convincentes y plausibles.

Con G2G, ese escenario sería inimaginable. El proyecto supuso introducir una metodología novedosa y empezaron por definir las fortalezas necesarias para equipos de alto rendimiento, sostenibles e inspiradores. Bajo el principio de que los equipos son los motores que mueven las organizaciones con éxito, las personas serían dueñas de sus resultados. De forma sistemática, todos comprendieron su posición en la cadena de creación de valor, acorde con las expectativas. La gente de ALSOL era responsable, nadie lo negaba, incluso muy responsable, pero su mentalidad dio un giro, pasando de centrarse en la responsabilidad sobre las tareas a focalizarse en el logro de resultados. Transicionaron de una cultura de «Responsabilidad» a una de «Accountability».

Desde el punto de vista de la organización, los equipos existen para producir resultados. Su efectividad marca la diferencia y este objetivo impulsa todos los demás aspectos en la vida de un equipo. El resultado es sólo una pequeña parte de la historia de los equipos de alto rendimiento. Los más exitosos desarrollan también la habilidad de ser también sostenibles porque, si bien hay momentos en la vida de todo equipo en los que sus miembros deben estar 100 % atentos a la tarea precisa o respetar una fecha límite, la intensidad de ese foco no es sostenible. El agotamiento es predecible y los equipos agotados eventualmente defraudan.

Para crear equipos de alto rendimiento sostenibles había que responder a una preguntar previa, ¿qué es un equipo? Es fácil asumir que todos sabemos lo que significa, pero no resulta tan evidente. Una respuesta espontánea diría que básicamente es un conjunto de personas que trabajan juntas, pero la experiencia de aquellos años había demostrado que un equipo es más que una colección de individuos que trabajan juntos. Un equipo es un conjunto de personas con unos roles claros y específicos, complementarios y multifuncionales que cooperan juntas, con gran compromiso e identificación en la consecución de un propósito común del cual son responsables y para el que cuentan con los recursos y la autonomía suficientes.

En las empresas de hoy los equipos se definen, articulan, implementan y deshacen a una velocidad extraordinaria. Tenemos a las personas desorientadas porque hoy en día es muy común estar, además de en tu equipo funcional, también en otros tipos de equipo. El lugar de trabajo es un laberinto de equipos anidados, interfuncionales, de proyecto, virtuales, etc. y hay presión para que se formen, obtengan resultados y cambien a una velocidad sorprendente. Por esto resulta fundamental que las dinámicas sean sanas y cada uno conozca las expectativas depositadas en su persona, al tiempo que se la empodera para lograr su particular cometido.

Como dijeron Jon R. Katzenbach y Douglas K. Smith en su libro «The Wisdom of Teams: Creating the High-Performance Organization», un equipo efectivo incrementa la productividad, la satisfacción y el crecimiento de cada uno de los miembros del equipo, del equipo mismo y del resto de la organización. Ni más ni menos. En eso consistió G2G.

Con la idea de proporcionar un mapa de los retos organizativos, los procesos y las personas, se midió la organización desde dos ejes. La productividad, o aptitudes, entendida como la percepción de su capacidad para desempeñar la función requerida y la positividad, o actitudes, como la percepción sobre el proceso y el tipo de relaciones requeridas para trabajar juntos.

Como resultado, surgió una hoja de ruta compuesta por unos pocos ámbitos, cada cual con unos objetivos que debían lograrse a partir de un conjunto de acciones. G2G era, sobre todo, un modo de impulsar ese concepto tan a la moda de la inteligencia colectiva pero, sin descuidar un mayor empoderamiento de las personas, el proyecto iría mucho más allá. En el fondo, para alcanzar una cultura de alto rendimiento, G2G segmentó la evaluación de ALSOL en cuatro grupos; propósito (consciencia), relaciones, sistemas (emociones) y recursos (acción), analizándose los niveles de productividad y positividad de cada uno de ellos. Se trataba de saber si, tras toda la energía depositada en IMPULSO, las personas continuaban yendo en la misma dirección, con qué compromisos, con qué roles, con qué rendimiento y comprender cómo trabajábamos juntos: niveles de comunicación, trabajo en equipo, reconocimiento, etc. Finalmente, también se estudió el modo de organizar los recursos disponibles y si tenían todo lo necesario, en términos de formación y habilidades, para hacer el trabajo que condujera al éxito.

Tras G2G, no se perdió ni un minuto buscando excusas por un mal resultado. De una forma extraordinaria, los gerentes pasaron a tener todos los procesos en mente, mucho más que pensar meramente en el resultado. Esa mentalidad conducía a la mejora continua. Monitorizaban el progreso de proyectos, la evolución de los mercados y el rendimiento de todas las líneas de producto, y se tomaron tantas acciones correctivas de manera proactiva como fueron necesarias siempre que algo se atascaba. En esos casos, ni se culpaba a otros ni se señalaba con el dedo, algo tan propio de organizaciones mediocres.

Por el contrario, G2G estaba implementando un modo de actuar constructivo, comprometido y proactivo, que serviría de base para desarrollar aún más la mentalidad imparable deseada en ALSOL. A mayores éxitos, mayor confianza de las personas en sus propias capacidades y en las de la propia empresa por sobresalir. Surgió el espíritu «tengo la intención de hacerlo y puedo hacerlo». No se trataba de arrogancia, sino de una convicción íntima generada por el propio impulso derivado de los muchos proyectos que estaban consiguiendo llevar a buen puerto, una y otra vez. En el pasado, cuando alguien tenía dudas sobre alguna tarea, no se podía dar por sentado que ese alguien pusiera todo su empeño en ello. Ahora, con la mentalidad de «encontraré alguna manera de superar este problema, considerando que siempre lo hemos logrado», las personas afrontaban sus retos con un pensamiento más positivo. Estaban construyendo una organización imparable, extraordinaria, basada en el compromiso y la proactividad.

G2G se organizó en tres ámbitos; organización, procesos y personas, cada uno de ellos compuesto por distintos objetivos, como definición de roles, relaciones intragrupo, resolución de problemas, relaciones de equipo, compromiso, talento y formación, propósito, etc., de los que se derivaron una serie de acciones precisas y su implementación en el calendario. Como responsable de diseñar el Proyecto G2G, Mario se dirigió en incontables ocasiones a los distintos grupos de trabajo a cargo de cada una de las acciones precisas evocando la historia del capitán David Marquet, comandante del submarino nuclear USS Santa Fe, quien empoderó a su gente tras leer al autor Stephen Covey y lo que este llamaba «el octavo hábito». Se trataba del principio de «tengo la intención de hacer». Así, el capitán Marquet exigía que, cuando cualquier oficial o marinero se encontrara con una situación que requiriera una decisión más allá de su autoridad, este tendría que decidir qué hacer antes de llevar su plan al superior jerárquico. De este modo, a lo largo del día, cuando la gente acudía a su superior o al capitán, le decía: «tengo la intención de hacer esto» o «tengo la intención de hacer aquello».

El superior haría las preguntas que estimara oportunas y luego decidiría validando la propuesta u ofreciendo una alternativa.

La razón para ello es que el autor del «octavo hábito» observó que el «tengo la intención de» es sustancialmente diferente al «recomiendo» o «sugiero». Cuando alguien manifiesta; «tengo la intención de hacer», esa persona ha hecho un trabajo más analítico, hasta el punto de que está totalmente preparado para llevar a cabo una acción dirigida a la obtención del resultado pretendido. Dicha persona ha sido dueña no sólo del problema o de la tarea, sino también de la solución.

Aquella actitud impulsada por el capitán Marquet llevó a que el submarino USS Santa Fe recibiera el Trofeo Arleigh Burke como mejor submarino, barco o avión de entre todos los escuadrones americanos destinados en el Pacífico. Efectivamente, ese enfoque determinaba a menudo la diferencia entre ganar y perder.

En el lado negativo, con un nivel tan alto de confianza aparecieron algunas conductas soberbias afectando la salud de las relaciones de equipo. Como no podía ser de otro modo, Karen y su equipo atajaron de inmediato esas actitudes indeseables. Los comportamientos tóxicos eran rechazados, no auguraban nada bueno en los negocios, no sólo en cuanto a relaciones de equipo, sino que comercialmente eran inútiles, limitaban la destreza para detectar las necesidades de los clientes y la agudeza para avanzarse a la competencia. Mario sintió que estaban llevando a ALSOL a unos niveles nunca vistos de compromiso, rendición de cuentas y proactividad, al mismo tiempo que mejoraba el bienestar de las personas.

Aspira siempre a lo máximo

A lo largo de todos aquellos años trabajando en estrecha colaboración con Karen, Mario fue entendiendo un rasgo clave para aspirar a la mejora continua. Para ella, el éxito no sólo era algo de lo que disfrutar cada vez que se cosechaba un buen resultado, por menor que fuera. Por supuesto, Karen aspiraba a un retorno más que decente y cada vez mayor de sus esfuerzos, pero, a su vez, ir más allá de cada logro anterior era un mandato y al mismo tiempo una obligación. El éxito era impulsar el negocio, la organización y las personas a la vez; los tres ejes de su hoja de ruta. En definitiva, la esencia del Proyecto G2G: la productividad y la positividad en la empresa, el rendimiento y el bienestar. Por supuesto, sin los resultados financieros adecuados hubiesen tenido, con razón, una gran cantidad de peleas internas, normalmente desagradables, a la vez que se hubiera cuestionado su *modus operandi* y, por tanto, obstaculizado su avance en la transformación. En gran medida, aquel viaje no terminó con el logro de algún conjunto de objetivos o hitos formales, como alcanzar un determinado volumen de ventas. En cambio, avanzó paulatinamente, paso a paso, debido a que ALSOL estuvo siempre en constante movimiento; la flexibilidad y adaptación al cliente evolucionó con rapidez y se compraron y se vendieron negocios, mientras que tanto la organización como los procesos se adaptaban a los ritmos del negocio. Siempre que alguna parte de las operaciones parecía haber alcanzado cierto punto de comodidad o rutina, Karen tendía a cambiar las cosas. Dondequiera que faltara alguna forma de crisis durante demasiado tiempo, Karen se sentía tentada a crear una. Todo el Leadership Team vivió en su propia piel la obsesión por evitar que el ritmo se tornara demasiado plácido.

Como dato curioso, a pesar de la intensidad del trabajo y del nivel excepcionalmente alto de las expectativas, diversos directivos relevantes en el sector, ajenos al grupo, solicitaron incorporarse a ALSOL. La empresa se había convertido en un referente en cuanto a rentabilidad, innovación, evolución de las personas, adquisición de talento y madurez organizativa. De forma bastante sistemática, tomaron la iniciativa de liderar proyectos relevantes para la sociedad, facilitado por el peso de la empresa en la historia industrial europea y la vocación fundacional de contribuir al progreso social. Ahora, muchos deseaban unirse a la locomotora. En sus encuentros sectoriales, directivos externos, clientes, proveedores y competidores percibían cuánto podrían aprender y desarrollarse personalmente en una organización de alto rendimiento y lo satisfactorio que era ganar o, al menos, saber que era posible competir hasta el final. Gracias a ello, ALSOL consolidó una ventaja competitiva difícil de adquirir: poder elegir entre los mejores talentos a la vez que desarrollar a su propia gente, dando oportunidades profesionales dentro y fuera de la organización, lo que ayudó a impulsar aún más las capacidades y el rendimiento de la empresa.

—Todos aquellos movimientos iban señalando que el final del trayecto estaba cercano para mí. Efectivamente, a mediados de 2015, recibí una propuesta de nueva expatriación para responsabilizarme de las actividades del negocio al este de Asia, que amablemente decliné —comentó Mario.

—¿A dónde tenías que ir? ¿En qué consistía la propuesta? —preguntó Rick mientras empezaban a sobrevolar la península ibérica.

—A Seúl. Allí se iba a situar la sede de la línea de negocio resultante de fusionar los fluorados, con sede en Alemania, y la división de tierras raras, hasta entonces dirigida principalmente desde China.

—Pues Corea del Sur me parece un lugar extraordinario desde donde observar la velocidad con la que cambia el mundo —Rick siempre tuvo espíritu aventurero.

—Ya lo tenía decidido. En caso de emprender un nuevo viaje que implicara a toda mi familia, sólo sería de retorno a Barcelona. Para entonces, ya me habíais invitado a presidir el Congreso Mundial de la Química y tenía ganas de dedicar un tiempo de mi vida a trabajar para la industria del país. Una vez implementado el G2G en ALSOL, era el momento de comprar el billete de vuelta.

TÚ COMO UN LÍDER DE ACCIÓN

Liderar es pasar a la acción. Echando una mirada atrás, observamos lecciones interesantes como la célebre frase atribuida a Napoleón sobre el éxito de sus planes de batalla; «On s'engage et puis… on voit», que traducida muy libremente vendría a ser «Nos lanzamos a la batalla… y luego ya veremos». Más allá de su autoría, la expresión tiene el mérito de acentuar la acción como un aspecto fundamental del liderazgo. El líder es alguien proactivo; asume el reto, se compromete, actúa, toma la iniciativa y decide con agilidad.

De todos modos, si has leído hasta aquí, ya sabes que liderazgo no equivale únicamente a esto, en todo caso no el liderazgo transformador. Tucídides, historiador griego que transcribió los discursos de Pericles a los atenienses, pone de manifiesto un líder muy alejado de la improvisación. Aquellos alegatos denotan profundas reflexiones sobre cómo movilizar a los atenienses, con cuidados planteamientos y buscando el equilibrio entre alabanzas y advertencias.

En el liderazgo, pensamiento y acción están íntimamente entrelazados. El pensamiento tradicional ha trazado una línea divisoria entre gestión y liderazgo, entendiendo que la gestión consiste en «dirigir personas y grupos para conseguir resultados en línea con los objetivos aprobados por los propietarios» y que las características fundamentales del gestor son la eficiencia, el pragmatismo y la flexibilidad. En cambio, se concibe el liderazgo como «visión y fijación de objetivos a largo plazo», esperando del líder que se gane la confianza del grupo, que sea capaz de implicarlo en un proyecto común, que se ponga al frente, que consiga que las personas le sigan y que actúen no por la recompensa ni por los castigos, sino por su sentido de responsabilidad.

Sin embargo, ¿qué pasaría si de repente se considerara que la gestión y el liderazgo no son conceptos tan distintos y que, en lugar de ello, son mutuamente complementarios? No es una pregunta retórica, los autores

Milner y Joyce, expertos en liderazgo, dedicaron una de sus obras a intentar demostrar, precisamente, la relación mutua de gestión y liderazgo. Para refutar la brecha entre estos dos aspectos organizacionales, los autores siguen una línea argumental que se centra en la demostración de que una buena gestión, una gestión eficaz, no es posible sin poner en marcha acciones de liderazgo.

Comprobaron los autores, en su amplia revisión de las investigaciones relevantes, centradas en organizaciones de servicio público, que una gestión exitosa presenta, también, conductas típicas de liderazgo como:

- Capacitación o empoderamiento: el gestor público tiene que capacitar (empoderar) a los miembros del equipo. Resulta necesario que los miembros de la organización compartan su visión para que lleguen a ser capaces de perseguir, por su propia iniciativa, los objetivos de la organización.
- Honestidad, integridad, compromiso: los hallazgos de varios estudios realizados en organizaciones de servicio público en Estados Unidos coinciden en poner de relieve que en los directores/gestores de organizaciones del sector público se buscaba, ante todo, que fueran «honestos, competentes, con visión de futuro y entusiastas».

Un líder pasa a la acción. Y lo hace contando con la información necesaria debidamente trabajada, fundamentada, documentada y contrastada. Y esto es aplicable tanto al directivo del sector privado como al político, si bien muchos se obstinen en demostrar lo contrario.

Aunque imprescindible, no es suficiente con el conocimiento adquirido a través de los estudios. El liderazgo también requiere un desarrollo personal que incorpora no sólo la capacidad de actuar, sino hacerlo de acuerdo con los valores de la honestidad, integridad y compromiso.

Lo que hace un líder de acción:

1. Reacciona a la primera. Desarrolla tu capacidad y la de tu equipo para responder con rapidez a las oportunidades y a los problemas. No esperes a que se confirme una situación inesperada o un incidente.

2. Agilidad. No dejes que las circunstancias decidan por ti. Frente a una actitud reactiva (aquella que experimenta el mundo de afuera hacia adentro y que reacciona a las circunstancias y a otras personas), cultiva la mentalidad creativa (experimenta el mundo de adentro hacia afuera y crea tu propia realidad). El trayecto será mucho más suave y el resultado, de mayor calidad.

3. Nada sin resolver. A mayor calidad de pensamiento, mejores resultados. Observa las situaciones desde muchos ángulos diferentes. Tomar datos e información de aquellos más cercanos al problema te ayudará a estar en contacto con la realidad.

4. Anticipa y simplifica. Prepárate para el siguiente reto mucho antes de lograr el objetivo actual. Con ello podrás empezar con buen pie, limitar ambigüedades y evitar esa caída de tensión tan habitual que aparece cuando te acercas al final de un proyecto. Céntrate siempre en lo que más importa. Asegúrate de que ni tú ni tu equipo trabajáis en temas que no merezcan la pena.

5. No te conformes. Sé flexible y deja atrás lo que haga falta. No te aferres a un servicio o producto obsoleto sólo por lo que llegó a significar para tu empresa, ni a las competencias personales y a la mentalidad que te hicieron exitoso en el pasado.

6. Hasta el logro, persevera. Persigue el logro tan intensamente como puedas hasta el final; una carrera no deja de serlo hasta que se acaba. Fija triunfos rápidos y persíguelos con la máxima intensidad. Aborda los desafíos sin miedo. Acepta el error como un aprendizaje. No esperes certezas, pero no juegues sólo a no perder en base a tus éxitos del pasado, porque no son garantía del éxito futuro.

7. De buenos a extraordinarios. Fomenta la colaboración. Emplea redes de equipos autónomos. Gestiona por acuerdos basados en la libertad, la confianza y el compromiso. Reconoce que las personas trabajan mejor cuando están empoderadas y comprometidas. Cuanto menos dependan las decisiones de ti, mayor será tu alcance operativo y la agilidad de tu organización.

8. Prepárate para el siguiente proyecto. Persigue la mejora continua y pon la excelencia al servicio de toda la empresa, a todos los niveles. Cambia todo lo que puedas a la mínima oportunidad, ya sea por una cuestión de rendimiento, coste y/o tiempo.

9. Toda mejora debe ser sostenible. Capacita a toda la organización con oportunidades. No corrijas a las personas, sino los procesos. Establece nuevas formas de trabajar. No sabotees las decisiones de los demás.

10. Mentalidad imparable. Desarrolla nuevas mentalidades y capacidades en toda la organización, incluso entre aquellos que no gestionan formalmente a otras personas. Incorporar el aprendizaje continuo en el tejido de la actividad diaria os convertirá en una organización imparable.

11. Aspira siempre a lo máximo. No estés estático. Diseña tu organización como un sistema abierto a la evolución continua.

Liderando hacia el futuro

Deja un legado

Bruselas. Abril de 2015. Karen y Mario iban camino del Acto de Graduación del doble título en Ingeniería y Administración y Dirección de Empresas del centro universitario más prestigioso del país, destacado por formar a futuros emprendedores, directivos y líderes atentos a los retos tecnológicos, sociales y económicos de su época. El programa era extremadamente multidisciplinar por cuanto acogía la voluntad fundacional que marcó su promotor unos cien años antes, el mismo que también fundó ALSOL.

Íntegramente redactada por Mario, Karen daría la Conferencia anual extraordinaria tras haber sido convencida por el Claustro de la Facultad sobre la idoneidad de su ejemplo para inspirar nuevos liderazgos.

Eso sería durante la tarde de un día de primavera temprana, cuando los parques empezaban a florecer desatadamente tras las lluvias del frío invierno. Bruselas se vestía de gala con sus plazas verdes, calles tranquilas, adoquinadas, amables para el transeúnte y favorecedoras para aquellos que necesitaran concentrarse. Así estaban Karen y Mario, relajados; aprovecharon el remanso de calma que, entre la vorágine de la ciudad, componían los imponentes jardines del palacete familiar legado a la empresa por los fundadores de ALSOL para reunirse durante toda la mañana y repasar el discurso en mejores condiciones que en los despachos, cómodos pero impersonales, de las oficinas centrales en las afueras de la ciudad.

Algunas semanas antes, Karen había propuesto a Mario aquel traslado a Asia, lo que significaba que, de aceptarlo, pronto dejaría la ciudad donde sus hijos estaban creciendo como uno más del lugar, donde su esposa había logrado adaptarse, construyendo un extraordinario tejido de relaciones humanas, para empezar de nuevo lejos de casa; si, tras ese periplo, había un sitio que pudiera ser llamado casa.

Como siempre, antes de entrar en agenda, hablaron de las novedades en el Leadership Team y de los principales expedientes encima de sus mesas. Tras haber cubierto todos los asuntos, quedaba un largo día hasta la conferencia y Mario aprovechó la oportunidad para intercambiar algunas de las reflexiones que tenía en mente sobre los años que llevaban trabajando juntos. Sin duda, habían sido sus años más exigentes y deseaba tener la opinión de Karen para comprender si coincidían en sus deducciones respecto a los rasgos y patrones de comportamiento que, a la postre, definirían la decisión sobre su futuro.

Había sido asombroso trabajar al lado de Karen y presenciar hasta qué punto se había hecho presente en la organización. No sólo determinó las dinámicas de trabajo, sino que definió su visión, estrategia y otros aspectos no tan fácilmente visibles, estableciendo cómo las personas se comunicarían, trabajarían juntas, el nivel de desempeño requerido; por ejemplo, desde el tolerante y condescendiente «suficientemente bueno» hasta la «excelencia en todo», entendida como la perseverancia, la constante tozudez en exceder las expectativas, siempre. En experiencias anteriores, Mario había trabajado con directivos que se habían unido a una organización, observado su funcionamiento y sólo luego, con esmero, pero con cautela, intentaron realizar cambios. Sin embargo, Karen había dado forma a la empresa siguiendo sus propias ideas desde el principio. Por supuesto, que el bloque de accionistas mayoritario del grupo confiara ciegamente en ella, otorgando carta blanca, fue una ventaja.

Pero bien podría haberse dejado llevar por el crecimiento orgánico natural de las diversas actividades preexistentes; al fin y al cabo dirigía una estructura empresarial centenaria, consolidada y rentable. Habría sido menos arriesgado, aunque en realidad Karen sabía que había sido contratada para eliminar fricciones y transformar la empresa en una de crecimiento más rápido.

Desde el análisis más académico, ALSOL no era conocida por el gran público, pero como en muchas grandes empresas con más de un siglo de historia, llámese Fiat, Ford, Disney, Bayer o Coca-Cola, aún se podían sentir las huellas de sus fundadores a pesar de las muchas décadas transcurridas. Ya fuera por la forma en que se organizaban, por una cultura única o por el impacto que tenían en la sociedad, la mente de los fundadores quedó grabada en la organización y en sus formas de operar. ALSOL se parecía mucho a una empresa de este tipo y Karen era depositaria del relevo, aspecto que nunca se cansó de recordar.

Planifica el cambio

A medida que Mario tomaba mayor consciencia de lo conseguido y agradecía las muchas cosas que había aprendido de Karen, crecía su curiosidad por saber si ya tenía toda la transformación en mente cuando lanzó IMPULSO. La atmósfera de reflexión previa a aquella conferencia facilitó la pregunta directa a lo que Karen explicó que el alcance de IMPULSO fue tan amplio y profundo porque al llegar a ALSOL, tras comparar sus resultados, productos y mercados con los de sus competidores, le resultó muy fácil concluir que la empresa estaba rindiendo muy por debajo de su potencial.

Karen profundizó en el hecho que embarcarse en una transformación es una de las decisiones más críticas que tomó como CEO, debido al gran nivel de compromisos requeridos, tanto internos como externos, y puesto que eso ponía el foco en su capacidad para liderar y cumplir con las expectativas, más que en su gestión operativa. El contexto y la necesidad de transformación eran distintas a otras por las que había pasado en etapas profesionales anteriores, pero el nivel de compromiso y enfoque era invariablemente el mismo. Además, una transformación exitosa abriría su carrera a nuevos horizontes, al igual que lo haría en caso de fracasar.

Tampoco tuvo demasiadas alternativas. La gran desproporción entre lo que una organización como ALSOL podía alcanzar y los resultados que realmente lograba exigía ir más allá de simplemente adaptar la forma de trabajar en la empresa. Era necesario rediseñar y transformar completamente la organización.

—Cuando emprendes una transformación de tal calado, nunca sabes exactamente dónde terminará pero, sin duda, debes tener alguna idea de hacia dónde vas —puntualizó Karen.

—Nuestra propia evolución de IMPULSO a G2G, a la par que el resto de proyectos menores acaecidos estos años, es una muestra tangible de que el camino se hace al andar —asintió Mario—. Sin embargo, no son pocos los directores generales que, en diversos foros y redes profesionales, vienen diciendo que han estado involucrados en múltiples transformaciones. Todo el mundo se atreve a hablar y definir el liderazgo. Es un concepto sobresaturado. Das un puntapié y debajo de cualquier piedra sale un conferenciante que dice ser experto en liderazgo o un ejecutivo con ganas de contarte la megatransformación de la que fue protagonista.

—En realidad, no es común implementar un programa tan intenso como el de ALSOL en una organización que consiga mejorar no sólo su rendimiento sino también el bienestar de las personas de modo sostenible y a gran escala —prosiguió Karen—. Como sabes, antes de mi llegada, estuve involucrada en dos metamorfosis empresariales de mucho calibre.

—Recuerdo la historia de aquellas veinticuatro horas que estuviste entre la quiebra y el dejar de pagar salarios a toda la empresa —apuntó

Mario después de que Karen le casi invitara a confirmar que conocía su pasado.

—¡Siete mil empleados, ni más ni menos! Sé que la gente piensa que se trata de una leyenda urbana —respondió Karen—, pero todo aquello pasó y, a fin de cuentas, fue el detonante que necesitaba aquella organización para salvarse. No sólo eso, nos transformamos y resurgimos como una de las empresas más pujantes del sector en Europa. Podemos buscar su causa en los graves problemas de tensión de tesorería y la falta de más crédito bancario, en una acumulación desmesurada de deuda o en la necesidad de modernizar nuestra cartera de productos, en la que los bancos no confiaban, o en una retracción general del consumo global y la entrada de nuevos operadores asiáticos a precios más competitivos —y Karen iba detallando un conjunto de razones—. La realidad es que la necesidad de transformar, que no es lo mismo que meramente cambiar, suele surgir por un conjunto de factores que terminan dejando grandes aprendizajes. No cabe duda de que aquel éxito tuvo un peso importante en la decisión de que me confiaran el futuro de ALSOL.

—Ya veo, ¿puedes contarme más? —Karen había conseguido despertar, de nuevo, la curiosidad de Mario—. Ese olfato que tienes para identificar a los impostores se adquiere con la experiencia, pero siento que podría acelerar mi aprendizaje con algunas orientaciones que me valgan de GPS.

—Si te sirve de algo —retomó la palabra en actitud mentora—, pienso que toda transformación requiere de tres grandes fases de trabajo: comprometerse a transformar, liderar la transformación desde el frente y mantener la nueva forma de trabajar. Lo único que debes hacer es abrir una conversación amable sobre esas tres fases para detectar al verdadero líder transformador. Verás con qué profundidad han pasado por ellas:

1. Comprométete a transformar.

Afirma tu convicción de que la empresa debe cambiar. Debe haber una idea clara de la amenaza a la que se expone tu negocio o de la oportunidad que se presenta. En algunos casos serán obvios (mayores costes frente a los competidores, altos niveles de deuda en un momento de desaceleración del crecimiento, reducción de precios, etc.), mientras que en otros casos quizá sean algo menos visibles, aunque puedan percibirse seriamente (demasiado capital inmovilizado, activos improductivos, la amenaza de la automatización, un cambio de políticas públicas o regulatorias, la aspiración de convertirte en el referente del sector, etc.). En todo caso, debes poder articular claramente una o dos razones por las que se requiere una transformación.

Encuadra la transformación como un nivel superior de desempeño, no como un proyecto. Antes de iniciar una transformación, debes reconocer que el modo actual de trabajo no conduce al logro de los resultados mínimamente exigibles. Los programas de cambio de menor calado a menudo se consideran proyectos que tienen un comienzo y un final obvios cuando se cumple la misión. Pero eso no funciona en una verdadera transformación. Esta es la razón por la que tras IMPULSO entramos de modo natural en G2G sin necesidad de configurar mayores y nuevos procesos. Una transformación verdadera como la nuestra no es sólo el camino para preservar valor, sino para crearlo. Como el comienzo de un viaje interminable hacia la mejora continua.

Establece una ambición incómoda pero inspiradora para tu Leadership Team. Apunta alto, aun sabiendo del riesgo de enfrentarte al escepticismo de tu propio equipo al principio. Sus creencias limitantes pueden provenir de la cultura existente y es precisamente eso lo que pide hacer un verdadero cambio fundamental. No se trata sólo de mostrar que esta transformación es diferente a los esfuerzos anteriores, sino también de orientar a la organización hacia nuevos horizontes. Por supuesto, la ambición que establezcas deberá también incorporar todas las palancas de creación de valor posibles: aumentar el margen, mejorar la tesorería, optimización del capital, reducción de costes operativos y retención de talento, entre otros.

2. Lidera desde el frente.

Demuestra un verdadero sentido de apropiación, lo que venimos llamando «accountability», al exigir la participación de todos, la tuya también. La responsabilidad de transformar no se puede delegar. Es necesario que modeles personalmente el futuro que aspiras a ver. Dedica tiempo real a la transformación.

Involucra a todos, no sólo a los de más arriba en el organigrama. Los objetivos ambiciosos requieren de un gran capital humano para ejecutarlos. En general, será imposible que toda la fuerza laboral entregue el 100 % de su potencial, pero quedarás impresionado de las capacidades que tienes en la organización y que has desaprovechado durante tanto tiempo. Aspira a involucrar la mayor parte posible de personas. En todo caso, un porcentaje significativo.

Cultiva la disciplina de ejecución desde el principio, enfocándote en la actividad inmediatamente siguiente. Las transformaciones fallidas a menudo luchan contra actitudes del tipo «no se puede hacer», «no podemos permitirnos el lujo» u otras mentalidades limitantes. Supe que la transformación de ALSOL tendría éxito cuando nuestra gente superó la disonancia que supone fijarse sólo en el desafío a largo plazo y se centró en el paso inmediatamente siguiente. Por ello fijamos un conjunto plausible de hitos. Si bien era importante comprender los riesgos y desafíos que iban a surgir, no todos debían resolverse en la fase de planificación inicial.

Desarrolla una sola voz en el Leadership Team. Estoy muy agradecida por el hecho de que todos supisteis superar los egos presentes y os comprometisteis con la transformación por encima del rol que cada uno pensara que le debía corresponder. Trabajar al unísono fomentó el esfuerzo que cientos de personas tuvieron que hacer para el éxito de la transformación. Si el Leadership Team hubiera mostrado algún signo de falta de compromiso, el Dream Council no lo habría acogido con los brazos abiertos y nuestra gente lo habría detectado de inmediato. Debes entablar tantos diálogos como sean necesarios con cada miembro del equipo y explicar la necesidad de alinearse para asegurar que predicáis con el ejemplo. Si alguno no quiere hacer el viaje, mejor identificarlo desde el principio.

3. Mantén la nueva forma de trabajar de forma sostenida.

A fin de mantener el impulso a largo plazo, invierte en las personas y en la cultura desde el principio. Nunca te arrepentirás de abordar los cambios en el comportamiento de las personas y en la cultura de la organización al principio de la transformación, por mucha pereza que puedan darte estos aspectos y que creas que tienen un menor impacto en la línea de resultados. La ola de la transformación empezará a crecer en el momento en que tu gente diga: «Tengo derecho a cambiar mi parte del negocio».

Las transformaciones generan impulso y mantienen su extraordinario impacto cuando los empleados de menor nivel jerárquico se sienten tenidos en cuenta y empoderados. Sólo escuchando a toda la organización, de cabo a rabo, identificarás cómo hacer que tu historia, tu visión, sea relevante para todos.

Orienta tu estilo ejecutivo hacia la superación de futuros desafíos. Una mejora en los resultados es el objetivo evidente de toda transformación, pero la adopción de nuevas dinámicas de trabajo es un subproducto de valor extraordinario especialmente porque, a medida que avance la transformación, el valor restante se vuelve más pequeño y difícil de extraer. Llega un momento en que las nuevas formas de trabajar son lo único que queda de la transformación, por eso estas deben diseñarse de tal modo que ayuden a superar los retos del futuro.

—A ver, si lo voy entendiendo —soltó tímidamente Mario—, sólo cuando viste que teníamos adheridos los buenos procesos y dinámicas de trabajo, decidiste que el plan evolucionara, de modo natural, en el G2G, aspirando a ser extraordinarios desde las personas.

—Efectivamente. No puedes afrontar, al mismo tiempo, todas las dimensiones susceptibles de mejora —asintió Karen a modo de cierre—. Eso sobrecargaría a la organización, dando lugar al caos. Debes mantener siempre una visión panorámica de la organización, la visión helicóptero, incluyendo los pasos o hitos más importantes. Habiendo completado uno, sabes mejor cómo abordar el siguiente.

La dimensión humana como prioridad

De algún modo, Karen era una adelantada a su tiempo. Estaba convencida de que, más allá de velar por la rentabilidad de las operaciones y asegurar una estructura financiera sólida, la principal responsabilidad del líder era humanizar la organización. Sin la armonización de los objetivos de la empresa con los de su gente no sería posible garantizar un crecimiento que fuera sostenible.

Todavía hay muchos que piensan que la relación empresa-trabajador está basada en el principio de utilidad, desde el antagonismo y la desconfianza. Tal como si empresa y trabajador fueran un binomio de dos líneas paralelas que, por mucho que se prolonguen, no terminan de encontrarse nunca, en ningún punto.

Sin embargo, en ALSOL no se veía a la persona como un centro de coste más, sino como una fuente de generación de valor. Como dice una de las célebres reflexiones del profesor Ramon Pes, el axioma de que las líneas paralelas no se encuentran en ningún punto depende de lo grande que sea el punto. Karen tenía perfectamente interiorizado ese cambio de paradigma que supone basar la relación empresa-persona en el interés común y en la confianza. Una relación en el que todas las partes deben salir ganando. Sería absurdo pensar que las empresas y las personas se unen en un proyecto común con el fin de fastidiarse mutuamente. Teniendo en cuenta el nuevo paradigma, la persona debía entenderse como una generadora de valor y no como un recurso productivo y centro de coste. Karen estaba convencida de que armonizar los objetivos de la empresa con los de las personas que trabajan en ella es posible.

Que seamos seres humanos significa, precisamente, que estamos hechos de humanidad, que tenemos elementos que nos diferencian del resto de animales, con una serie de virtudes y capacidades. Cuando decimos que alguien es una persona muy humana, nos referimos precisamente a eso, a alguien que le mueven los sentimientos, con habilidades emocionales, con un interés por las personas, etc. La humanización de las organizaciones nace desde su responsabilidad social y tiene como propósito el bienestar de las personas y preservar, proteger y fomentar sus derechos en el trabajo.

Humanizar ALSOL tenía un sentido ético más elevado; hacer compatibles los objetivos económicos de la empresa con sus responsabilidades sociales y medioambientales. Karen había recogido una empresa business-centric, que transformó en customer-centric con el proyecto IMPULSO y que debería convertirse en human-centric tras el programa G2G. Nada más y nada menos que el núcleo del humanismo: hacer una organización más humana suponía poner a la persona en el centro de las decisiones.

Para Mario, liderazgo era algo así como crear un equipo o una organización en la que la gente pudiera ser mejor de lo que había sido hasta entonces y más de lo que jamás habría soñado ser. En esa conjunción de espacio y tiempo coincidió con Karen, que también se guiaba por una comprensión parecida.

—Las buenas personas marcan la diferencia y si ellas tienen éxito, tú tienes éxito. Prioriza siempre a las personas —aconsejó Karen.

¿Qué nos convierte en líderes?

Las horas pasaron volando por aquellos jardines del Palacete ALSOL. Philippe Trousse, el chófer del Leadership Team, aguardaba pacientemente el momento de llevarlos al campus de la Facultad. Era un hombre joven, en sus cuarenta y tantos, que se había puesto al volante nada más cumplir los dieciocho y ganado la plena confianza de todos los primeros ejecutivos de ALSOL durante los últimos veinte años. El paso del tiempo no sólo había refinado sus intereses, sino que le había regalado grandes conversaciones a las que contribuía desde la humildad y con la ventaja de vivir una realidad más próxima a la mayoría de empleados de ALSOL que los propios miembros del Leadership Team, quienes, después de todo, irían cambiando de país y responsabilidades cada equis años, mientras que los rangos más modestos ocupaban su función, en muchos casos, durante toda su vida laboral. Si bien su discreción estaba fuera de toda duda, a Philippe le encantaba conversar.

El trayecto hasta el lugar del evento tomaba unos cuarenta y cinco minutos, tiempo más que suficiente para verificar si el mensaje calaba. Philippe había estado expuesto a tantos de ellos, observando sus comportamientos, escuchando conversaciones privadas desde la intimidad del coche, contemplando los buenos y los malos momentos, que Karen y Mario vieron en él la ocasión para dar unos últimos retoques al discurso.

—Philippe, ¿qué nos convierte hoy en líderes? —preguntó Karen.

—Miren, ya que me preguntan… —Philippe carraspeó, aclarando su voz ronca causada por aquellos cigarrillos que le hacían compañía durante la espera entre trayectos—. Muchos de los que se han sentado ahí detrás, donde están ustedes, eran la viva imagen del superhéroe sabelotodo que comanda y protege a su gente. Hasta que llegó usted, Sra. Heindricks. Ellos eran como una imagen de otro tiempo y les diré más, ya que van ustedes a dar la Conferencia Anual para futuros líderes, también creo que muchos programas de desarrollo directivo están obsoletos.

—¡Vaya, Philippe! —soltó un sorprendido Mario, en cuyo perímetro de responsabilidades también estaba la programación formativa para jóvenes talentos que cada año pasaban por la ALSOL Corporate Academy.

—No me malinterprete —aclaró de inmediato desde el volante—. Desconozco el detalle de esos programas para directivos, pero desde mi humilde opinión, formada por las muchas cosas que escucho sobre ellos en este coche, están basados en modelos de éxito para un mundo que era, no un mundo que es o que está por venir.

—¿A qué te refieres? —insistió ahora Karen.

—Cada año conduzco a alguno de ustedes hasta Brujas, Lovaina o Lieja. Allí, ustedes se reúnen con los futuros líderes de ALSOL, los profesionales potencialmente más talentosos del grupo, en quienes la empresa invierte en programas de desarrollo directivo, y les transmiten las expectativas que la organización deposita en esas personas —fue detallando Philippe—. Todo ello sin contar con el resto de los programas de capacitación, *off-sites, coaching* y todas estas cosas en las que invierten una buena cantidad de recursos. Aun así, cuando llegó el momento de suceder a su predecesor, el grupo acudió al mercado para ficharla a usted, Sra. Heindricks, lo que interpreto como un fracaso de la empresa en formar grandes líderes en interno.

—Sin tapujos, Philippe —dijo una empática Karen—. Es comprensible que muchos hubierais preferido que se diera continuidad a algún directivo de la casa.

—No tengo crítica hacía usted, Sra. Heindricks, y sabe bien que su presencia estos años ha sido una bendición para muchos y un calvario para otros, no voy a engañarla —mesuró sus palabras mirando por el retrovisor—, pero aquellos talentos en quienes la empresa dice confiar el futuro quizá se estén preguntando, ¿me está ayudando la empresa a prepararme para ser un gran líder de los tiempos actuales?

—Era sorprendente ver toda la lucidez que puede encontrarse en las personas discretas y anónimas, cuando se crea una atmósfera de confianza y la conversación es auténtica.

—Tú que nos ves sin mirar y observas el comportamiento de todos, Philippe, ¿qué sugerirías? —preguntó Mario.

—Ustedes, los que están en disposición de promover el cambio, deberían hacerse dos preguntas. ¿Por qué los vacíos de liderazgo se están ampliando a pesar de que nunca se ha invertido en ello tanto como en estos tiempos? ¿Qué hace a un gran líder de hoy en día? —y tras esto, Karen y Mario no pudieron más que dar las gracias.

Quedaba poco menos de la mitad del trayecto y la sabiduría popular de Philippe había sido capaz de replantear el enfoque del discurso. Nada de ello era nuevo para Karen y Mario, pero acordaron enfatizar esas ideas en la versión final de su intervención. Su audiencia ya esperaba. Karen subió al estrado y se dirigió a ellos como si hablara, cara a cara, con cada uno de los asistentes:

«Hoy en día, muchos todavía creéis que para liderar basta con ocupar una destacada posición en el organigrama, que todo depende de ascender en el escalafón, sea como sea. Quizás creáis que gestionar un gran presupuesto y tener personas a cargo os convertirá en líderes, como si se tratara de una cualidad reservada a quienes tienen una tarjeta de presentación con un título similar al de consejero delegado o director general.

¡No te equivoques! Eso no te va a convertir en líder. Deberás afianzar tus conocimientos, pero estos no son nunca suficientes. Más allá del currículum, deberás sobresalir... ¡como persona! Tus valores y principios, tu determinación y capacidad de sacrificio, tu talento y creatividad. Y, sobre todo, tendrás que desarrollar un agrado por la gente. Si no te gusta estar con las personas, ni cultivas que a los demás les guste estar contigo, ni relacionarte, comprender sus emociones, ponerte al servicio de los demás, desde la

humildad, podrás llegar a ser una directiva o directivo eficiente, pero nunca un líder de tu tiempo.

El mundo que te espera, más global, digital y transparente, con velocidades más rápidas en el flujo de la información e innovación, y donde nada grande se hace sin algún tipo de matriz compleja, depender de las prácticas tradicionales, de lo que se ha hecho siempre, de una posición en el organigrama, penalizará tu crecimiento como líder. Las evaluaciones de rendimiento tradicionales están obsoletas y sólo dan falsos positivos. Confiar únicamente en esos indicadores te hará pensar que estás más preparada de lo que realmente estás. El liderazgo en estos tiempos se define y se evidencia por tres preguntas:

1. *¿Hacia dónde miras para poder anticiparte al próximo cambio en tu vida o en tu modelo de negocio? Tienes la respuesta en la agenda de tu día a día. ¿Con quién pierdes el tiempo? ¿Sobre qué asuntos? ¿A qué lugares viajas? ¿Qué estás leyendo? Y entonces, ¿qué sacas de todo eso que sea útil para, primero, comprender el impacto de los potenciales cambios, contratiempos, quiebras y fracasos, y luego tomar la decisión de actuar de inmediato haciendo algo para lo que ya estés preparada y lista? Los grandes líderes no andan mirando hacia el suelo. Miran de forma transversal, observan lo que sucede de una esquina a la otra, de punta a punta, con esa mirada periférica con la que se anticipan y construyen su futuro, no sólo reaccionando ante él.*

2. *La segunda pregunta es ¿cuál es el nivel de diversidad de tu red personal y de relaciones profesionales? Frecuentemente escuchamos sobre la transcendencia de tener muchos contactos, mantener las conexiones con la asociación de antiguos alumnos, pertenecer a ciertos clubs sociales e instituciones de relevancia, etc. Muchas de esas redes están muy vivas y son útiles, pero, hasta cierto punto, todas tenemos una red de*

personas con las que nos sentimos cómodas. Así que esta pregunta va sobre tu capacidad para desarrollar relaciones con personas que sean muy diferentes a ti. Y esas diferencias pueden ser biológicas, físicas, funcionales, políticas, culturales, socioeconómicas, etc. Si aspiras a ser un gran líder debes comprender que tener una red de relaciones mucho más diversa es una fuente de valor incalculable, porque gracias a esos contactos tendrás cerca a personas que están pensando de manera diferente a ti.

3. Y finalmente, ¿eres lo suficientemente valiente como para abandonar una práctica que te hiciera exitosa en el pasado? No te dejes llevar por aquello que ya te va bien. Si lo haces, lo más probable es que sigas con lo que te resulta familiar y cómodo. Los grandes líderes se atreven a ser diferentes. No sólo hablan de tomar riesgos, realmente los toman. A todos los niveles.

Entonces, ¿qué hace un gran líder en estos tiempos? Está preparándose, no para la previsibilidad cómoda del ayer, sino para las realidades de hoy y todas esas posibilidades todavía desconocidas del mañana. Dicho de otro modo, un líder de hoy en día CREA liderazgo tratando de tomar consciencia de cuál es su propósito vital para poder relacionarse con los demás de forma sana, considerando todos los factores y emociones en juego a fin de, llegado el momento, actuar.».

Reflexión final

Si has llegado hasta aquí, ya sabes que no es posible que todo sean risas en el trabajo. Ese no fue el caso de ninguno de los protagonistas de este viaje, pero supongo que quieres un equipo en el que toda tu gente esté comprometida, sea confiable, se adueñe de los objetivos y que colabore para alcanzar un logro común que sea motivo de celebración colectiva.

La realidad es que no vivimos en un mundo perfecto. Probablemente hayas estado apagando fuegos a diario y lidiando con problemas que desvían tu atención de las cosas más importantes. Y, mientras un buen líder, un buen emprendedor o un buen ejecutivo puede tratar de modo efectivo algunos de esos problemas a medida que van surgiendo, un gran líder, un gran emprendedor o un gran ejecutivo tiene la comprensión y las habilidades para adelantarse y eliminarlos antes de que se conviertan en frustraciones y en costosas horas extras.

Fíjate, estás en tu día a día normal y surge algo, un problema, un comportamiento no deseado; se enciende la luz de alarma y sabes que tu equipo tiene un problema. Sabes que hay algo que va mal y que debe abordarse. El problema es que no siempre sabes a quién llamar que complemente tu soledad en la toma de decisiones.

Como líder, o emprendedor, o ejecutivo, demasiado a menudo intentas poner parches a los problemas. Casi siempre sabes cuándo hay un problema, pero, o bien dejas de lado todo lo que estás haciendo o bien buscas a alguien con una experiencia y trayectoria que pueda hacerse cargo de ese asunto.

Como consultor he ayudado a líderes, emprendedores y directivos como tú a crear culturas de equipo más positivas, productivas y rentables. He invertido los últimos 25 años de mi vida profesional observando lo que hacen los grandes líderes y he asesorado a más de 50 directores generales y líderes políticos y he participado en diversos procesos de transformación empresarial.

Sea como sea, tanto en el sector privado como el público, tanto en las grandes corporaciones como en las *startups*, tanto los buenos como los malos resultados son siempre un síntoma de su talento y su cultura. Los mismos métodos que aplicamos en la transformación de una multinacional se pueden implementar en empresas de menor dimensión para ayudar a que sus líderes, sean de la industria que sean, tengan un mayor impacto.

Tanto en un entorno multinacional como en la Administración Pública, tienes múltiples oportunidades de liderar y de aprender. Gracias a esas experiencias, pude experimentar y fallar y, cómo no, mejorar al ver lo que funcionaba en la construcción de una cultura interna, una transformación organizativa, una transición de negocio, etc. y con ello obtener lo mejor de las personas comprometidas, implicadas.

Por eso decidí escribir mi versión de cómo se CREA liderazgo para gestionar mejor y dirigir equipos.

En definitiva, ¿sabes lo que necesitas para ser alguien que CREA liderazgo?

Tras hacer esta pregunta a docenas de líderes, emprendedores, ejecutivos y políticos a lo largo de los años, he obtenido respuestas del tipo motivación, compromiso, honestidad, perseverancia, valentía, ambición, carisma, etc. La verdad es que, si bien todos esos son importantes, creo que los rasgos de liderazgo más valiosos son estos: consciencia, relaciones, emociones y acción.

No importa lo mucho que insistas recordando lo importante que es la estrategia y que ordenes que se implemente, eso no va a pasar porque sí, mientras no personifiques los principios del liderazgo transformador: consciencia, relaciones, emociones y acción. Mientras no cambies las dinámicas internas de la organización, olvídate de la estrategia, puesto que el logro de los objetivos siempre estará influenciado por el nivel de compromiso y eficiencia de tu equipo.

Como líder no puedes ser valiente si no eres consciente de cuál es tu propósito, de quién eres, de cuáles son tus propias limitaciones; no puedes tener confianza si no sabes qué competencias o habilidades tú o tu equipo necesitáis para relacionaros de forma positiva; no puedes ser honesto si no conoces todos los elementos en juego, emociones incluidas, y no puedes tomar decisiones si no estás dispuesto a actuar.

Mira, cuando eres consciente de que hay síntomas y puedes diagnosticar el problema, comienzas a buscar aquella fórmula o receta que lo resuelva, a fin de que tu organización o equipo pueda avanzar y obtener los resultados esperados porque, en última instancia, tu trabajo es crear un ambiente que promueva el trabajo en equipo, y el trabajo en equipo es actividad coordinada de un grupo cohesionado cuyos miembros aportan diversas habilidades, recursos y competencias para lograr un objetivo común que convenza a todos, pero eso no sucede por sí solo.

Y, si quieres mejores resultados, si quieres que tu estrategia tenga éxito, empieza por asumir este compromiso como líder.

Creo que el objetivo número uno al frente de un equipo, al frente de un colectivo de personas, debería ser siempre este: servir, cuidar, alentar y apoyar a tu gente. Tu trabajo como líder es desarrollar a quienes te rodean.

Ahí es precisamente donde inciden los 4 ejes de CREA Liderazgo, los cuales actúan como catalizadores del rendimiento y el bienestar de la empresa.

El sistema de soluciones y pasos fácilmente repetibles que puedes aprender con una inmersión profunda en los sucesos que comparto en este libro te pueden ayudar a construir una cultura organizativa imparable.

Hace mucho tiempo aprendí que mi juventud y mi falta de conocimientos me hicieron perder algunas oportunidades. Quizá como tú, buscaba un experto con ideas sobre cómo sacar más provecho de mi tiempo, equipo u organización, alguien que me ayudara a identificar y ejecutar las acciones correctas, en la secuencia y forma correcta. Tuve la suerte de que el músculo financiero y la confianza que depositó en mí aquel gigante industrial me permitió aprender de los mejores, pero el camino fue arduo. No sólo perdí mucha energía y dinero, sino que estuve ausente en muchos momentos vitales, profesionales y personales que no debí perderme y que ya no voy a recuperar. Pero tú quizá puedes evitar que te pase lo mismo, o que mantener una cultura de equipo ineficaz, negativa y de bajo rendimiento pueda ser algo mucho más costoso. Podría estar en juego tu capacidad para construir y mantener una organización o equipo saludable y eso puede afectar a tus resultados al disminuir su rendimiento y productividad. Podría afectar a tu gente con una rotación elevada o interacciones tóxicas. Podría afectar tu próxima promoción con preguntas sobre tu capacidad de liderazgo, dirección o gestión. Pero imagina que, si en lugar de frustrarte buscando alguna inspiración en Google, tuvieras una hoja de ruta que, basada en CREA Liderazgo, te acompañara como guía en la aceleración de tu impacto como líder, como emprendedor, como ejecutivo y así acortar tu camino... ¿Qué valor tendría para ti disponer de esa confianza y tranquilidad?

Ten por seguro que en la tarea de liderar, dirigir y gestionar vas a atravesar caminos nuevos, circunstancias inexploradas, exigencias diferentes para llegar a un lugar en el que no has estado antes para tomar alguna decisión que nunca antes has tomado. Pocos llegan a la cima en solitario. Lo mejor que puedes tener es un guía experto que ya haya estado allí. Así nació el método CREA Liderazgo para mejorar tu gestión y dirección de equipos. Precisamente lo que este viaje ha querido hacer por ti.

Epílogo

Llegados a este punto del libro, el lector o lectora habrá podido ponerse en la piel de Mario y, con la perspectiva de enfrentarse a la lectura de este epílogo, comprender que a través de su viaje, personal y profesional, ejerce de observador y ahonda en las singularidades que caracterizan a los distintos tipos de líderes con los que se cruza a lo largo de un período intenso de su vida. El liderazgo empresarial, social y político en las distintas circunstancias pone de relieve los elementos vitales que se requieren para liderar las organizaciones y cómo el liderazgo que ejercen unos u otros personajes marcan la diferencia: la cuestión reside no tanto en qué problemas debemos afrontar sino en cómo los afrontamos, partiendo siempre de la base de que ejercer de líder nunca es una tarea sencilla, por muchos atributos innatos que una persona posea.

Un magnífico libro que, desarrollando un trabajo de recopilación de hechos más o menos ficción, más o menos reales, nos permite identificar y reflexionar sobre las situaciones que abordan de forma diaria quienes están al frente de una organización o de un equipo, poniendo de relieve la importancia de cómo actúan, comunican o reaccionan ante diversas circunstancias. De todo ello, el autor extrae el método CREA como guía para un liderazgo transformador, más sano y positivo, a través de cuatro rasgos, como la Consciencia, las Relaciones, las Emociones y la Acción; todas ellas claves para transformar cualquier organización.

Pero no se quede en la superficie de lo anecdótico. Existe la tentación de leer este libro como un conjunto de vivencias bien documentadas, con un estilo fácil y entretenido. Su lectura bien trazada no debería evitar que, de alguna manera, eleváramos la perspectiva a fin de alcanzar conclusiones aplicables a nuestro día a día.

Según mi experiencia, los y las líderes del presente, y sobre todo del futuro, deben transitar hacia un liderazgo transformador, que incorpora el trabajo en equipo y que es capaz de identificar los cambios necesarios al mismo tiempo que crea la visión y el camino para guiar estos cambios y ejecutarlos de forma conjunta. Un liderazgo que tenga capacidad de movilizar la energía de los demás hacia propósitos nobles con su carisma, su espíritu emprendedor, aprendiendo de los errores, que acepte las opiniones divergentes y que no se mueva con incomodidad ante la incerteza.

Apelamos al líder transformador, más emocional, que se muestre volcado en los demás, que sea amistoso y altruista. Es con este liderazgo cómo se cambian las cosas, como observa Mario a lo largo de todas sus experiencias; y es con este liderazgo cómo se avanza hacia el futuro; porque es en sí mismo un medio para activar las energías latentes y potenciar el producto social. Un nuevo modelo de liderazgo que nuestra sociedad necesita: sano, constructivo, transformador, que lleve a la construcción de una sociedad más justa, igualitaria, digital y sostenible.

Frente a un liderazgo autocrático, debemos ejercer un liderazgo democrático, que sepa delegar y sea participativo, capaz de nutrirse de las diferentes opiniones de todos los miembros del equipo, fomentando así también sus incentivos para desarrollarse en el proyecto. Resulta fundamental, al mismo tiempo, desempeñar un liderazgo persuasivo, que inspire, transmita y genere confianza en los demás. Porque la calidad de un líder o una lideresa puede medirse también por su capacidad de promover el espíritu de iniciativa de los que le rodean.

Como mujer, quiero también destacar el liderazgo femenino que, si bien no es intrínseco de las mujeres, ha demostrado en numerosas ocasiones que las mujeres tenemos habilidades aprehendidas que nos han permitido desarrollar un tipo de liderazgo sano, más asertivo, marcado por el consenso y el diálogo e incluso por una inteligencia emocional más desarrollada. Como impulsor del *Manifesto for more women in leadership roles*, acogido por la excepcional selección de *European Young Leaders* de la asociación *Friends of Europe*, puedo anticipar que Josep Maria estará de acuerdo con este apunte. No en balde Karen, la omnipresente líder de esta historia que acabas de leer, es un reflejo de ello. Así, las conocidas como *soft skills* han dejado de percibirse como algo negativo y han ido ganando importancia en las organizaciones, hasta el punto de haberse convertido en una condición indispensable para las mismas.

Con todo ello, debemos ser capaces de crear una nueva generación de líderes resilientes, solidarios, que velen por la sostenibilidad, inclusivos, que hablen con la mano en el corazón, con pasión y trasciendan de sí mismos, que piensen en lo colectivo, que sean altruistas, cooperantes, respetuosos y con gran sentido del deber, porque todo su futuro está por delante.

Asuma este libro como lo que es: un manual para poder integrar nuevos valores y tipos de liderazgo ante una sociedad avanzada, en entornos de enorme complejidad e incertidumbre, tal y como lo vive Mario a lo largo de todo su viaje.

Mª Eugenia Gay
Delegada del Gobierno de España en Catalunya
Decana del Ilustre Colegio de la Abogacía de Barcelona (2017-2022)

Agradecimientos

Cuando haces un viaje así de largo y diverso, acumulas deudas de gratitud con muchísimas personas. Todos mis compañeros y jefes, con quienes he ido haciendo este viaje, han sido una fuente persistente de nuevas ideas y retos por las largas y fructíferas conversaciones que hemos mantenido y por los proyectos compartidos. Sin ellas, este libro sería distinto. Aunque no podría mencionarlos todos, algunos merecen una referencia especial como Alex Dessalle, Bernard de Laguiche, Karim Hajjar y Alejandro Ferace.

Estoy muy agradecido a mi socio, Jordi Aspa, que obra maravillas a la hora de convertir mi abuso desmedido de las palabras en ideas fáciles de entender. Su conocimiento, su interés y sus aportaciones a este libro han sido particularmente útiles.

A mi editor, Sergio Bulat, de Empresa Activa, quien vio en mi primer texto un embrión de libro en el cual confiar, logrando que el arduo proceso de terminarlo fuera una fuente de motivación.

Varios colegas, amigas y amigos con formación y experiencia, cuya trayectoria admiro, me han hecho sugerencias sumamente oportunas y sabias para el manuscrito o partes del mismo. Por su saber, reflexiones y acertados consejos, estoy en deuda especial con Gemma Segura, Jorge Pecourt, Oscar Abril, Oriol Puig, Muriel Bourgeois, Jordi Esquerigüela, Maria Ayguadé, David Falguera, Nacho Barraquer, Laura Pous, Usoa Arregui, Joaquim Domingo, Mar Alarcón, Ramon Pes, Joe Sanfeliu y Ricard Madurell. Ninguno de ellos es responsable de ninguno de los errores que puedan haberse introducido en el texto impreso, ni de mis puntos de vista y mis perjuicios, de los que sólo yo soy culpable, pero todos me han ayudado a sentirme más lúcido y capaz.

Una mención especial para Francisco J. Lozano, no sólo porque encaja en todas las categorías anteriores, sino por su generoso prólogo, y a María Eugenia Gay, quien sacó tiempo para epilogar este libro con ese entusiasmo, compromiso y convicción por la reflexión sosegada que tanto bien harían si pudieran extenderse a muchos de nuestros representantes.

Y, como no, reconocer toda la generosidad y compromiso de quienes dedicaron parte de sus vacaciones del 2022 para leer y reseñar esta historia; José Luis Álvarez, Isabel Yglesias, Josep Guaus, Guillem Anglada-Escudé, Carles Navarro, Oriol Puig, Josep Ll. Sanfeliu y Mar Alarcón.

Encontrar nuestro lugar en el mundo es conocer el entorno que nos rodea, un territorio determinado por las personas que lo conforman. Por ello, además de la dedicatoria, mi agradecimiento a mis hijos, Marc y Joel, porque son mi brújula y mi razón de ser, y a mi mujer, Esther, por amarnos y cuidarnos.

A mis padres, Josep María (DEP) y Marina, porque me han ayudado a dibujar mi propio mapa. A mis hermanos Marina, Marc, Enric y Elisa (DEP) y a mis sobrinas Mar y Mia. A Jesús y Ángeles.

A mis amigos que siempre han estado ahí.

A mis alumnos, compañeros y profesores del INSEAD y de la GBSB Global Business School por ser una familia talentosa que me ha enseñado a aprender, desaprender y reaprender.

A todas las organizaciones para las que he trabajado, por confiar en mí y porque han inspirado el contenido de este libro.

A mi yo niño, a mi yo adolescente y a mi yo adulto, a mi yo soñador, a mi yo renacentista y a mi yo pragmático, a mi yo de aquí y a mi yo de allá, a mi yo de hoy y a mi yo de mañana, a mi yo acertado y a mi yo lleno de errores, porque a lo largo del viaje todos cargamos con un conjunto indeterminado de yoes que nos hacen ser quienes somos.

Y a los que no están, porque todavía llevo el peso de su ausencia en una maleta, cada vez menos pesada, pero imborrable.

Sobre el autor

Josep-Maria Gascón (1974), casado y padre de dos hijos. Licenciado en Derecho por la Universidad Pompeu Fabra de Barcelona, Máster por ESADE Business School y Graduado en Dirección General por el INSEAD (Fontainebleau), ha cursado estudios en Economía, Ciencias Políticas, Coaching Ejecutivo y Dirección de Equipos de Alto Rendimiento. Profesor de la GBSB Global Business School de Barcelona, en el Departamento de Organizaciones y Personas, y *coach* de desarrollo ejecutivo para directivos y emprendedores.

Exdirectivo del gigante químico-farmacéutico SOLVAY, cotizado (NYSE-Euronext y CAC40), estuvo expatriado durante siete años en Bélgica, donde tuvo responsabilidades con impacto global en diversas áreas como finanzas, transformación, estrategia, comunicación, talento, fiscalidad, jurídico, M&A, y lideró equipos globales, multifuncionales y transversales, participando en más de 400 proyectos, en más de 30 países, en todos los continentes.

Fue presidente del World Chemical Summit de 2015 a 2018 y ha sido socio en la firma de servicios profesionales Grant Thornton; Director de Estrategia e Inteligencia Competitiva de ACCIÓ —Agencia pública para la Competitividad de la Empresa—; abogado en Cuatrecasas y miembro de múltiples Consejos de Administración como Asabys Partners, Soccer Science, ACCIÓ, Jevnet Online Marketing o Market AAD, entre otros. Ha sido miembro del equipo de Dirección Financiera mundial de Solvay (Bruselas), miembro del

Comité de Estrategia Internacional del Departamento de Empresa de la Generalitat de Catalunya, vocal del patronato de Creafutur, etc.

Ha sido músico y poeta, habiendo publicado un libro de poesía con el título «25 poemas y otros versos» (1998). Tertuliante radiofónico en Els Matins de Catalunya Ràdio y conferenciante por toda Europa sobre temas que van de la estrategia sociopolítica hasta el liderazgo y la motivación de equipos. Ha dado conferencias a empresas como Fira Barcelona, APD, Expense Reduction Analisis, Crystal Finance, Instituto Europeo del Mediterráneo (IEMed), Instituto von Mises Barcelona —Cercle Jefferson—, entre otros. Ha sido articulista para medios como GlobalGeoNews- FildMedia (Francia), Friends of Europe (Bélgica), MarcusEvans (Holanda), Jornal de Noticias (Portugal), Russia Today (Rusia), Expansión, El Economista, ElPuntAvui TV, Diari de Girona, etc.

Su obra está referenciada en diversos libros como «Ho un fuoco nel cassetto» (Tengo fuego en el cajón), de la aplaudida escritora italiana de best-sellers Francesca Cavallo (Salani Editore) o «Fiscalitat Europea i Mercat Únic; cap a una harmonització efectiva», de Sergio Martinez (Fundació Josep Irla).

Fue distinguido como «European Young Leader» (2013 y 2014), por el impacto de su trabajo en la industria y en la sociedad, por las organizaciones Europanova y Friends of Europe, con el apoyo de la Comisión Europea, siendo el español más veces incluido en esta lista de jóvenes líderes europeos, desde donde impulsó la declaración «European Manifest for more women in leadership roles».

En el 2012 fue reconocido como uno de los directivos catalanes más influyentes en el extranjero, nombrándole «Business Ambassador», por una carrera atrayente de inversiones y talento internacional.

Ganador del Premio «40 under Forty» de Iberian Lawyer (2011), que reconoce a los abogados jóvenes más prometedores de España y Portugal.

En 2010, el Gobierno de Bélgica le confió la presidencia de la mesa legislativa que elaboró los trabajos preparatorios de la Ley de incentivos fiscales a la I+D.

Tras fundar Vitaes (www.vitaespartners.com), una firma de consultoría ejecutiva y dirección general, ayuda a CEOs y directivos a acelerar el impacto de su liderazgo y transformar equipos y organizaciones mediante su método G2G «from Good to Great» —de buenas a extraordinarias—, basado en la buena gestión, la mejora de los procesos y la cohesión de las personas.